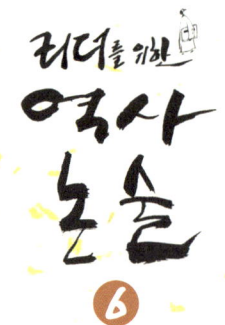

2019년 1월 10일 증보 개정판1쇄 펴냄

지은이 오증교·황복순
그린이 우덕환
사진 서찬석·국립중앙박물관·문화재청·서울시
　　　 4·19혁명 기념 도서관·대한민국 국회 홈페이지
디자인 김현일·천람경
마케팅 김태준·김경옥
펴낸이 박우현
펴낸곳 로직아이
등록 제 307-2011-58호
주소 서울시 마포구 동교로 23길4 갑인빌딩 3층(동교동)
전화 (02)747-1577
팩스 (02)747-1599
인쇄 JK프린팅

ⓒ(주)로직아이
※ 글과 그림의 무단 복제와 전제를 금합니다.
※ 잘못된 책은 바꿔 드립니다.
ISBN 978-89-94443-84-3

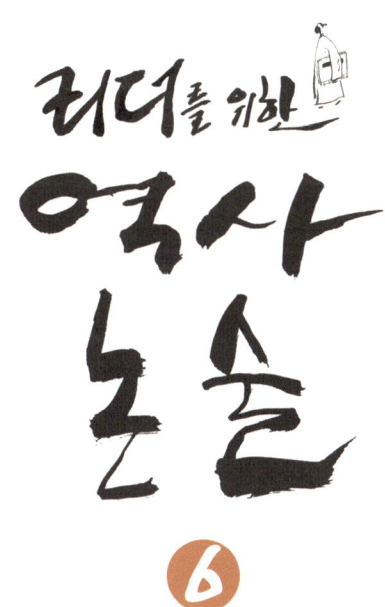

리더를 위한 역사 논술 ❻

8·15 해방부터 현대까지

머리말

빛나는 통일 조국과 미래 1,000년의 역사

　대한민국은 8·15 해방 이후에도 중요한 사건들을 많이 겪었습니다. 대한민국 정부 수립과 6·25 전쟁, 이승만 정부의 독재와 4·19 혁명, 5·16 군사 쿠데타와 경제 발전, 군사 독재와 5·18 광주 민주화 운동, 6·10 민주 항쟁 등이 있었습니다.

　물론 2002년 월드컵이나 여러 번의 남북 정상 회담 같은 좋은 일도 있었지만, IMF 외환 위기를 겪었고 대한민국 최초의 탄핵 대통령도 보았습니다. 그럼에도 불구하고 우리는 꾸준히 발전해 왔습니다. 넓게 보면 역사는 발전한다는 말이 맞는 것 같습니다.

　1960년 대한민국의 일인당 국민 소득은 필리핀의 반도 안 되는 79 달러였습니다. 그런 대한민국이 비약적인 발전을 하여 이제는 IMF가 인정하는 선진국이 되었습니다. 대한민국은 다른 나라로부터 원조받던 나라에서 다른 나라를 원조하는 유일한 국가이기도 합니다. 일인당 국민소득은 3만 달러가 넘었습니다. 남북한이 통일되면 국내 총생산도 엄청나게 늘어날 것입니다.

　세계가 놀라는 대한민국의 발전은 국민 모두가 노력한 대가입니다. 이제 '한강의 기적'은 옛말이 되었습니다. 오늘의 대한민국은 세계 10위의 무역 규모를 자랑하는 경제 개발 협력 기구(OECD)의 회원국입니다.

　남북통일은 대한민국이 한 단계 더 발전할 수 있는 계기가 될 것입니다. 세계 유일의 분단국가인 남북한이 통일되면 당장은 조금 불편하겠지만 나라 전체는 강해질 수밖에 없습니다. 나라가 그만큼 커지기 때문입니다. 통일은 강대국으로 가는 지름길입니다. 따라서 당장 통일하는 것이 어렵다면 자유로운 남북 교류라도 해야 합니다.

　대한민국의 통일을 반대하는 나라는 일본뿐입니다. 일본은 일본 나름의 사정이 있겠지만 우리는 그들의 눈치를 볼 필요가 없습니다. 이제 여러분의 무대는 세계입니다. 가슴으로는 대한민국을 생각하고 눈으로는 세계를 바라보고 마음에는 인류를 품어야 합니다.

　대한민국의 역사는 비약적으로 발전하는 역사입니다. 최소한 5년에 한 번은 새로 써야 하는 현대사입니다. 이제는 여러분이 대한민국의 역사를 써야 합니다. 미래는 여러분의 대한민국일 테니까요. 우리는 항상 세계사에 관심을 갖고 대한민국의 역사를 바라보아야 합니다. 우리의 발전은 그 자체로도 가치가 있지만 세계사 속의 발전입니다.

　따라서 우리에게는 당장 이익을 보아야겠다는 마음 자세보다는 대한민국의 미래 100년 또는 미래 1000년의 역사를 생각하는 마음 자세가 필요합니다. 우리는 더욱더 발전할 것입니다. 여러분의 노력에 달렸지만 대한민국은 세계 최고의 선진국이 될 것입니다. 나는 여러분도 참 잘해 내리라고 생각합니다. 꼭 그렇게 해 주기를 부탁합니다.

　마지막으로 이 교재가 나오는 데 원고 검토와 교정 교열 등에 도움을 주신 갈진영, 김택신, 김현숙, 배동순, 이근하, 류봉균 선생님 등 많은 선생님들께 감사드리고, 특히 역사와 한국사 일반에 대해 조언을 아끼지 않은 동국대학교 사학과 학과장이신 양홍석 교수님과 차인배 교수님께 감사드립니다.

로직아이　원장 박우현

교재 사용 방법과 특징

이 교재에는 단원마다 전체의 역사를 알 수 있는 만화, 그림으로 만든 연표가 문제와 더불어 들어 있어요.
"한눈에 쏙쏙! 시대 엿보기"예요.

교사와 학부모 그리고 학생들은 펼친그림과 연표를 통해 단원 전체를 한눈에 알 수 있습니다. 재미있는 이야기와 더불어 그림을 통해 앞으로 배울 전체의 흐름을 이해한다면 더욱 좋겠지요?

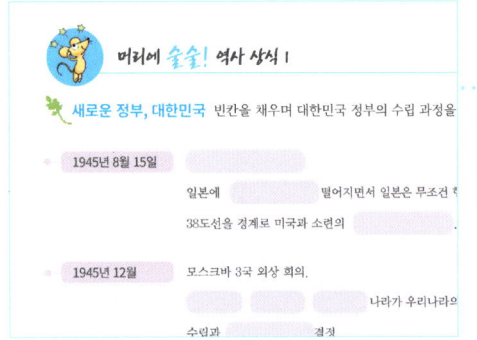

역사를 이야기할 때는 재미만 중요하지 않아요. 역사 상식이 있어야 해요. 그래서 먼저 "머리에 술술! 역사 상식"을 배치했습니다.

여기서는 게임, 퀴즈 등으로 시대별로 중요한 역사적 사실들을 정리할 수 있어요. 상식만 정리해도 굉장한 지식을 습득할 수 있어요.

역사 공부도 몰입이 중요해요.
"재미가 솔솔! 역사 속으로"

역사 속에서 그 시대 사람이 되어 생각해 본다면 역사가 조금 더 실감 날 수 있어요. 학생들이 역사 속의 주인공이 된다면 그 시대를 좀 더 가깝게 느낄 수 있지요.

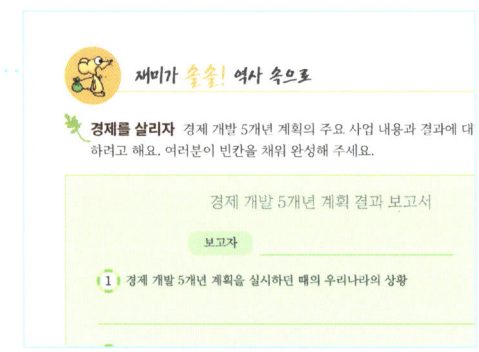

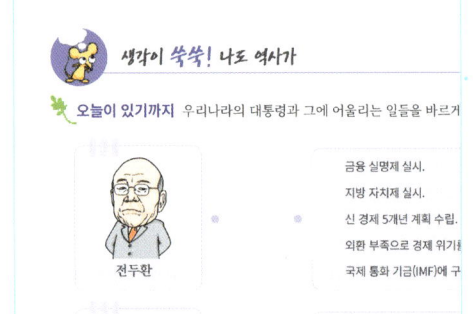

학생들도 역사의식이 있어야 해요. "생각이 쑥쑥! 나도 역사가" 코너는 역사에 대한 자기 생각을 필요로 해요.

토론할 때는 무엇보다도 자기 생각이 중요해요. 자기 생각이 있어야 다른 사람들의 생각에 대해 창의적으로 대처할 수 있습니다.

"마음에 꼭꼭! 되돌아보기"

앞서 학습한 내용에 대한 정리와 더불어 역사의식을 가지고 새롭게 자신의 가치관을 정립할 수 있어요. 공부할 때는 요약과 정리만큼 중요한 것은 없어요. 핵심을 파악해야 정확하게 안다고 할 수 있거든요.

<리더를 위한 역사 논술> 교재 한 권은 단원별로 구성되어 있습니다.
교사나 학부모는 수업 방식에 따라 그리고 학생들의 역량에 따라 분량을 조절해서 수업할 수 있어요.

그림을 중시했어요.

학생들은 그림을 좋아하니까요. 그림 속에 역사 이해의 열쇠가 숨어 있어요. 생각의 단초도 제공할 거예요. 잘 살펴보세요.

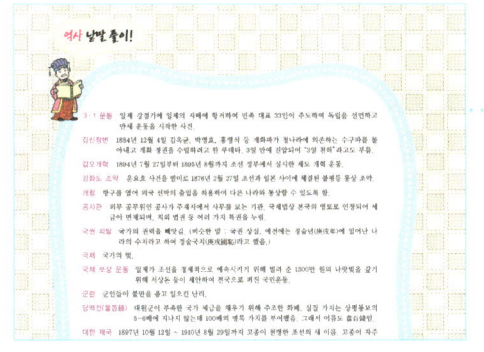

교재 뒷부분에는 역사 낱말 풀이가 있어요.

시간이 되면 역사와 관련된 장소에 직접 가서 체험해 보세요. 백문이 불여일견, 백견이 불여일행! 백 번 듣는 것보다 직접 체험하는 것이 더 효과적이니까요.

지침서는 선생님용이에요.

학생들은 더 알고 싶은 내용이 있으면 선생님이나 부모님께 물어 보세요. 좋은 질문은 여러분을 더욱 멋진 사람으로 만들어 줄 거예요.

이 책을 통해 여러분들과 함께 재미있고 의미 있는 역사 여행을 할 수 있게 되어 무척 기뻐요. 이 기회에 여러분도 세상을 보는 멋진 눈을 갖게 되기를 바랍니다.

지은이 일동

차례

06 발전하는 대한민국 새로 쓰는 우리 역사

한눈에 쏙쏙! 시대 엿보기   12

머리에 술술! 역사 상식 1   16

새로운 정부, 대한민국
분단은 막아야
서로의 생각은 달랐지만
다양한 정치 형태
우리가 꿈꾼 나라
한 민족, 두 나라
우리의 과제, 친일 청산

머리에 술술! 역사 상식 2   24

반민 특위, 나도 할 말 있어요
주변 나라의 역사 왜곡
씻을 수 없는 상처, 6·25 전쟁
지도로 보는 6·25 전쟁
민주주의는 자란다
민주주의의 후퇴

재미가 솔솔! 역사 속으로   34

경제를 살리자
새마을 운동과 경제 발전
경제 발전을 위한 노력과 우리의 과제
경제 발전의 그늘

06 발전하는 대한민국 새로 쓰는 우리 역사

생각이 쑥쑥! 나도 역사가   38

오늘이 있기까지
민주주의의 주인은 나
선거를 통한 정치 참여
통일로 가는 길
평화 통일

마음에 꼭꼭! 되돌아보기   46

역사적인 인물
역사적인 사건
우리의 역사 전체 돌아보기
역사 탐방 안내
역사 탐방 계획서
역사 탐방 보고서
역사 낱말 풀이!

"역사가의 임무는 과거의 사실을 있는 그대로 기술하는 것이다."

― 레오폴트 폰 랑케(Leopold von Ranke) ―

학습 목표

1. 광복과 대한민국 정부 수립 과정을 알 수 있다.
2. 6.25 전쟁의 과정과 결과를 알 수 있다.
3. 민주주의의 발전 과정을 알 수 있다.
4. 경제 발전을 위한 노력과 결과를 알아보고 문제점에 대해 생각할 수 있다.
5. 통일을 위한 노력에 대해 생각할 수 있다.

06

발전하는 대한민국 새로 쓰는 우리 역사

길라잡이 책소개

〈리더를 위한 한국사 만화 6
– 한국 현대사〉

한강

한강의 기적과 6월 민주 항쟁 그리고 남북통일

1945년. 대한민국은 그토록 그리던 해방을 맞이했어요. 그렇지만 6·25 전쟁이 발발하면서 그 기쁨도 오래가지 못했어요. 우리나라는 계속해서 큰 시련을 겪었지요. 그러나 우리는 많은 어려움을 이겨 내고 발전해 왔어요. '한강의 기적'이라고 부를 정도로 경제 발전도 이루었고 민주주의도 급성장했어요. 4·19 혁명과 6·10 항쟁을 거치면서 국민들 스스로도 많이 민주화되었지요. 이제는 남북통일을 생각합니다. 통일은 대한민국을 한 번 더 발전시킬 겁니다. 해방 후 우리 민족이 겪었던 시련과 그것을 극복해 내는 과정 속으로 들어가 볼까요?

한눈에 쏙쏙! 시대 엿보기

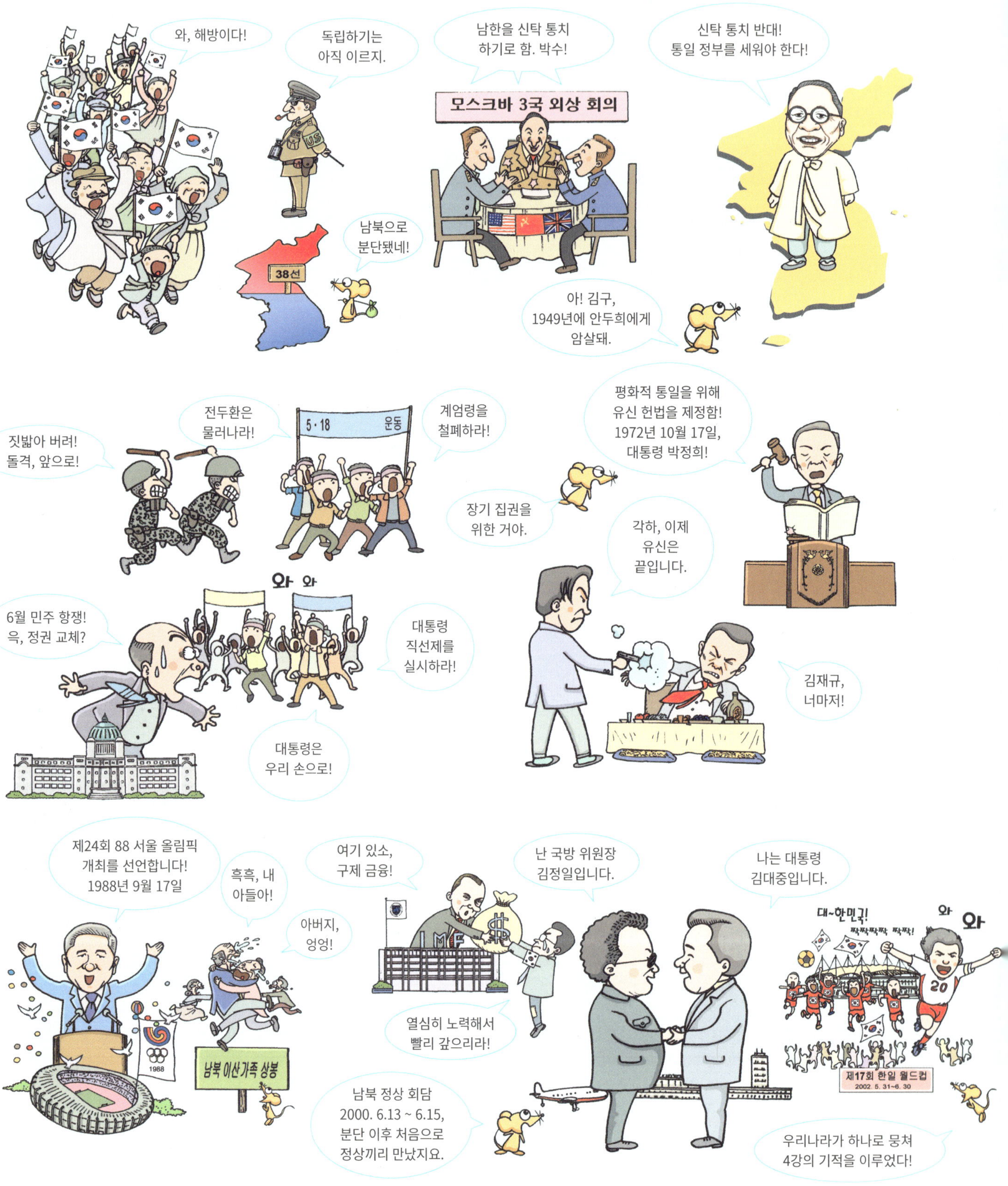

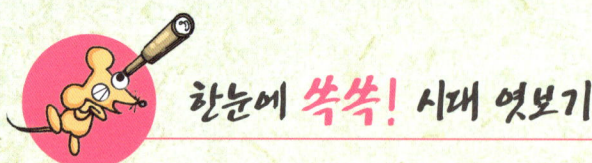

한눈에 쏙쏙! 시대 엿보기

8·15 광복

1948년 7월 17일　　1948년 8월 15일　　　　1950년 6월 25일

남북 정상 회담
6·15 남북 공동 선언　　IMF 외환 위기　　금융 실명제

2002년　　　　　　　　　　　　　　　　　　　　　　1988년

한미 FTA 타결

혁신 도시 건설 확정

노무현·김정일 남북 정상 회담

2007년　　　　　　　　　　　　　　　　　2008년 ~ 2012년

1차시

휴전 협정 조인 　　　　　　　　　5·16 군사 정변 　　　　　　시작
1953년　　　1960년 4월 19일　　　　　　　　　　　　1970년

유신 헌법 공포
1972년

6월 민주 항쟁　　　　　　　　　　　　　　　　　　　
　　　　　　　　1980년 5월 18일　　　　1979년 10월 26일

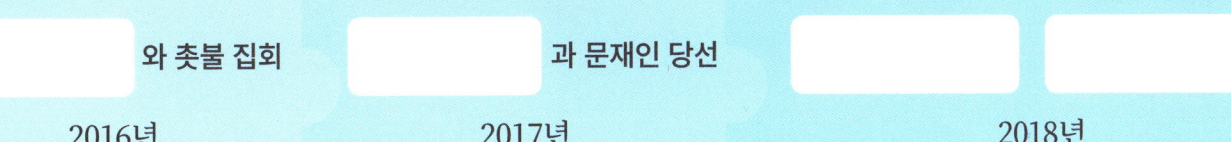

　　　와 촛불 집회　　　　과 문재인 당선
2016년　　　　　　　2017년　　　　　　　　　2018년

6. 발전하는 대한민국 새로 쓰는 우리 역사

머리에 술술! 역사 상식 1

새로운 정부, 대한민국
빈칸을 채우며 대한민국 정부의 수립 과정을 알아보세요.

- **1945년 8월 15일** _____
  일본에 _____ 떨어지면서 일본은 무조건 항복함.
  38도선을 경계로 미국과 소련의 _____ 실시.

- **1945년 12월** 모스크바 3국 외상 회의.
  ____, ____, ____ 세 나라가 우리나라의 임시 정부 수립과 _____ 결정.

- **1946년** 미·소 공동 위원회에서 한국 문제를 의논하였으나 성과 없이 끝남.

- **1948년 5월 10일** _____ 실시.
  남한의 단독 선거 실시. _____ 선출.

- **1948년 7월 17일** _____ 을 제정하고 공포함.

- **1948년 8월 15일** 대한민국 정부 수립 – 9월 북한 공산주의 정권 수립.
  _____ 을 경계로 남북 분단.

TIP 우리 역사에 영향을 준 제2차 세계 대전과 냉전 체제

해방이 되었는데도 우리 민족의 생각과는 다르게 남북 분단과 신탁 통치가 결정되었습니다. 그 이유는 제2차 세계 대전을 치르면서 국력이 강해진 미국과 소련이 자본주의 진영과 공산주의 진영으로 나뉘어 대립했기 때문이에요. 두 진영의 갈등을 냉전(Cold War)이라고 합니다. 두 나라는 한반도에 자신들에게 이익이 되는 정부를 세우고 싶어 했지요. 이처럼 한 나라의 역사는 세계 역사와도 관련이 있음을 기억해 주세요.

분단은 막아야 해방 후 정부가 세워지는 과정을 요약한 글이에요. 함께 읽고 생각해 보아요.

> 모스크바 3상 회의(1945년)에서 미국과 소련의 '신탁 통치'가 결정되고 임시 정부를 세우기 위해 미·소 공동 위원회가 열렸어요. 하지만 신탁 통치에 대한 의견이 둘로 나뉘면서 서로를 비난하였고 앞으로 세워질 정부에 대해서도 의견 충돌이 일어났어요.
>
> 두 번의 미·소 공동 위원회(1946년, 1947년)가 성과 없이 끝나자 미국은 한국 문제를 UN에 넘겼고 UN은 "남한과 북한의 인구 비율에 따라 자유 총선거를 실시한다."는 결정을 내렸어요(1947년). 그러나 소련과 북한이 이 결정을 받아들이지 않았기 때문에 UN은 남한의 단독 선거를 결정했지요. 김구, 김규식 등이 분단을 막기 위해 최선을 다했지만 결국 남과 북에 서로 다른 정부가 수립되었어요.

1 '신탁 통치'란 무엇인가요?

2 '신탁 통치'가 결정된 뒤 찬탁과 반탁으로 나뉘어 갈등을 겪었어요. 각각의 이유는 무엇이었나요?

찬성 이유

반대 이유

3 백범 김구 선생이 남한만의 선거를 막기 위해 어떤 노력을 했는지 알아보고 그 이유도 생각해 보세요.

> 나는 통일된 조국을 세우려다가 38도선을 베고 쓰러질지언정 일신의 구차한 안일을 취하여 단독 정부를 세우는 데 협력하지 않겠다.
> —〈삼천만 동포에게 울며 호소함〉 중에서

김구의 노력

이유

머리에 술술! 역사 상식 1

🌿 **서로의 생각은 달랐지만** 새로운 정부를 세우는 것에 대한 다양한 의견을 알아봅시다.

○ 광복을 맞이하기 전 나라의 독립과 건국을 위해 많은 노력을 했어요. 빈칸에 알맞은 단어를 쓰고 어떤 노력이 있었는지 알아보아요.

건국 강령을 발표하고, (　　　)을 조직하여 무장 독립운동을 전개하였다.

나라의 독립을 위해 스스로 일어난 우리가 일본군과 맞서 싸웠다.

여운형을 중심으로 (　　　)을 조직하여 건국을 준비하였다.

상해 임시 정부

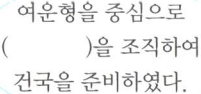

여운형

○ 광복 후 우리나라의 새로운 정부를 수립하는 일이 순조롭게 진행되지 못한 이유는 무엇인가요?

○ 남한만의 총선거 실시에 대한 의견과 그렇게 생각한 이유를 알아보아요.

　　대한민국에 임시 정부를 세우는 것을 의논하던 미소 공동 위원회에서 미국과 소련이 대립하면서 아무런 성과 없이 끝났다. 우리나라에서도 새롭게 만들 정부에 대해서도 서로 생각이 달라 의견 충돌이 일어났다. 미국은 대한민국의 문제를 UN에 넘겼고 UN은 "남한과 북한의 인구 비율에 따라 자유 총선거를 실시한다."는 결정을 내렸다. 그러나 소련과 북한이 이를 거부하자 UN은 남한만이라도 총선거를 실시하기로 결정하였다.

남한만이라도 총선거를 실시해야 합니다.

이승만

남북한이 동시에 총선거를 실시해야 합니다.

김구

서로의 생각은 달랐지만 광복을 맞이했지만 '민주 국가'를 이루어 가는 방법에 대해서는 서로 의견이 달랐어요. 　 안에 알맞은 이름을 써 넣으면서 어떤 의견들이 있었는지 알아보고 국민이 진심으로 바랐던 것은 무엇일까요?

나는 임시 정부를 이끌었던 　　　　　라오.
김일성과 손잡는 것은 반대하지만 남과 북을 합쳐 통일 국가를 만들어야 한다고 생각하오.

나는 　　　　　이오.
나는 공산주의와 손을 잡는 것에는 반대합니다. 우리끼리 힘을 모으면 민주 국가를 만들 수 있습니다.

나는 사회주의 운동을 이끌고 있는 　　　　　입니다.
공산주의도 받아들여서 차별이 없는 평등한 세상을 만들어야 한다고 생각합니다.

나는 　　　　　입니다.
이념이 무슨 상관이 있습니까? 우리가 서로 단결하여 자주 국가를 만드는 것이 중요합니다.

○ 국민이 진심으로 바랐던 것은 무엇일까요?

TIP	**민주 국가란?**

왕이나 황제가 다스리는 나라가 아니라 국민이 나라의 주인인 나라, 계급과 차별이 없는 나라입니다. 왕이나 황제가 다스리는 나라는 전제주의 국가라고 합니다.

 머리에 술술! 역사 상식 1

다양한 정치 형태 대통령제와 의원 내각제의 특징에 대해 알아봅시다.

○ 대한민국, 미국, 러시아, 프랑스의 공통점은 무엇일까요? 대통령제를 실시하고 있는 나라랍니다. 캐나다, 일본, 이탈리아, 영국은 의원 내각제를 채택하고 있지요. 빈칸을 채우며 대통령제와 의원 내각제의 특징을 정리해 보세요.

	대통령제	의원내각제
뜻	국민이 선거를 통해 ( )과 ( )을 선출하고, ( )이 행정부를 구성하고 이끌어가는 형태.	국민이 선거를 통해 ( )을 선출하면 의회에서 ( )를 선출하여 총리가 행정부를 구성하고 이끌어가는 형태.
특징	입법부와 행정부가 엄격하게 분리됨.	입법부(의회)가 행정부를 구성하여 긴밀하게 연결됨. 국가의 원수는 따로 있음.
장점	행정, 입법, 사법의 권력 분립에 충실함.	입법부와 행정부가 협조하여 정책을 폄.
단점	대통령에게 권력이 집중되면 독재 정치가 될 가능성이 있음.	내각이 자주 교체될 수 있어 정치가 불안정해질 수 있음.

○ 대통령제와 내각 책임제의 공통점과 차이점은 무엇인가요?

○ 각 나라마다 정치 형태가 다른 이유는 무엇일까요?

○ 우리나라 정치 형태의 특징을 알아보아요.

2차시

🌱 **우리가 꿈꾼 나라** 남한은 선거를 통해 198명의 국회 의원을 선출했어요. 1948년 7월 17일에는 최초의 헌법을 제정했지요. 제헌 헌법에는 우리의 꿈과 소망이 담겨 있어요. 함께 읽어 보고 가장 중요한 조항을 고르고 여러분이 생각하는 나라는 어떤 나라인지 써 보세요.

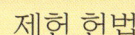

제헌 헌법

제1조 대한민국은 민주 공화국이다.
제2조 대한민국의 주권은 국민에게 있고, 모든 권력은 국민으로부터 나온다.
제4조 대한민국의 영토는 한반도와 그 부속 도서로 한다.
제8조 모든 국민은 법 앞에 평등하며, 누구든지 성별·신앙 또는 사회적 신분에 의하여 정치적·경제적·사회적 생활의 모든 영역에 있어서 차별을 받지 아니한다.
제13조 모든 국민은 언론·출판의 자유와 집회·결사의 자유를 가진다.
제16조 모든 국민은 균등하게 교육을 받을 권리가 있다.

가장 중요한 조항

내가 꿈꾸는 나라

TIP **광복절 노래를 아세요? 노래에 담긴 뜻을 새겨보아요.**

흙 다시 만져보자 바닷물도 춤을 춘다 / 기어이 보시려던 어른님 벗님 어찌하리 이날
이 40년 뜨거운 피 엉긴 자취니 / 길이길이 지키세 / 길이길이 지키세

머리에 술술! 역사 상식 1

🌿 **한 민족, 두 나라**   우리나라에 정부가 세워지는 과정을 함께 알아보아요.

① 남한과 북한은 따로 선거를 치렀어요. 이 결과 남한과 북한에는 각각 어떤 정부가 세워졌는지 지도 위에 정리해 보세요.

- 북한에 세워진 정부
- 수상
- 소련의 지원

- 남한에 세워진 정부
- 초대 대통령
- 미국의 지원

② 남북한에 서로 다른 정부가 세워진 사건은 그 후 우리에게 어떤 영향을 주었나요?

우리가 중앙 정부야. 너희들은 북한 괴뢰라고.

우리가 진짜야. 너희들은 미제의 앞잡이일 뿐이야.

우리의 과제, 친일 청산 우리나라가 해방이 된 후, 일제 강점기 동안 친일 행위를 한 사람들의 죄를 묻기 위한 노력을 해 왔습니다. 자료를 읽고 친일 청산을 위해 어떤 노력이 있었는지 살펴보세요.

반민족 행위 처벌법

반민족 행위를 한 사람들(친일파)을 찾아내 처벌하기 위해 제정한 특별법이에요. 1948년에 공포되었으며 반민 특위가 설치되었습니다. 반민 특위는 1949년 1월, 본격적인 활동을 시작해서 최린, 이광수, 노덕술 등을 체포했고 국민들은 큰 지지를 보냈습니다. 그러나 미군정의 반대와 이승만 대통령의 방해로 친일파들에 대한 처벌은 제대로 이루어지지 않았어요. 실제 벌을 받은 반민법 해당자는 7명뿐이었는데 이들도 다음해 봄에 감형되거나 석방되었지요. 1949년 8월 경찰이 반민 특위 청사를 둘러싸고 특경 대원을 강제로 연행하였고, 1949년 8월 22일 반민 특위 폐지안이 통과되었습니다.

친일 재산 환수법

친일 재산 환수법의 정식 명칭은 "친일 반민족 행위자 재산의 국가 귀속에 관한 특별법"이에요. 러일 전쟁 이후부터 1945년 해방이 되기까지 친일 행위를 통해 모은 재산을 나라에 귀속(歸屬)시키는 것에 관한 법령입니다.
― 2005년 12월 29일 제정

친일 인명 사전

민족 문제 연구소에서 펴낸 〈친일 인명 사전〉은 식민 지배에 협력한 4,500여 명에 대한 이름과 친일 행각, 광복 전후의 행적을 담은 책으로 2009년 발간되었습니다.

○ 위와 같이 친일 행위자를 처벌하기 위해 노력한 이유는 무엇이었을까요?

TIP 반민 특위란?

반민 특위란 "반민족 행위 특별 조사 위원회"를 줄인 말이에요. 1948년 9월, 국회는 친일파들을 찾아내 처벌하기 위해 반민족 행위자 처벌법을 제정하고 반민 특위를 구성했어요.

머리에 솔솔! 역사 상식 2

반민 특위, 나도 할 말 있어요 친일파들을 벌주기 위해 '반민족 행위 특별 조사 위원회'(1948년)가 오늘 다시 열린답니다. 국민들의 의견을 받는다고 하는데 여러분은 어떻게 생각하는지 댓글을 달아 보세요.

[제목] 반민 특위, 진실을 말하다

 질경이
친일파를 청산하기 위한 반민족 행위 특별 조사 위원회가 다시 열립니다. 여러분의 다양한 의견을 듣고 싶습니다.

 나민족
죽음을 무릅쓰고 나라와 민족을 위해 애쓴 분들을 생각하면 그냥 넘어갈 수 없습니다. 이승만 대통령이 반민 특위법을 폐지하면서 친일파들은 자신의 지위와 재산을 고스란히 보장받았다고요.

 김민주
맞습니다. 온 국민이 고통받고 있는데 자기만 살겠다고 학도병이나 정신대에 나가라고 연설하거나 같은 민족을 괴롭힌 사람들입니다. 지금이라도 죄를 밝히고 벌을 주어야 합니다.

 이친일
이미 지나간 일인데 들춰서 무얼 하겠어요. 그 사람들도 살기 위해서 어쩔 수 없었을 테니 그 사람들을 처벌하는 것보다는 너그럽게 이해하는 것이 좋겠어요.

주변 나라의 역사 왜곡 주변 나라들의 역사 왜곡에 대해 함께 생각해 봅시다.

○ 일본과 중국의 역사 왜곡 사례는 무엇이며 이에 대한 우리의 입장은 어떤 것인지 정리해 봅시다.

각 나라의 주장	우리의 입장
일본 : 독도를 일본의 영토라고 주장하고 있어요. 지도에 동해를 일본해로 표기하고 독도를 '다케시마'라고 표기하고 있습니다.	
중국 : 중국의 땅에 있었던 나라들의 역사를 중국의 역사에 포함시키고 있습니다. 예를 들면 우리 조상들이 세운 고조선, 부여, 고구려, 발해가 중국 땅에 있었기 때문에 중국의 역사라고 주장하고 있습니다.	

○ 주변 나라의 역사 왜곡에 대해 우리가 가져야 할 태도는 무엇이며 우리 역사를 지키기 위해 우리는 어떤 노력을 해야 할지 생각해 봅시다.

머리에 술술! 역사 상식 2

씻을 수 없는 상처, 6·25 전쟁 다음은 6·25 전쟁에 참가했던 할아버지의 회고록인데 오래되어 기억이 잘 나질 않는대요. 여러분이 꼼꼼하게 읽고 빠진 것을 보충하고 기억이 희미한 부분은 정확하게 알려 주세요.

남한과 북한이 서로 다른 정부를 세운 뒤, 38선 부근에서 크고 작은 충돌이 있다고 하더니 1950년 6월 25일 새벽, 끝내 전쟁이 일어나고 말았다.

서울에 살던 나도 가족들과 피난길에 올랐다. (　　　) 대통령은 적군을 물리치고 있으며 서울을 반드시 지키겠다고 했다. 거짓말이었다. 우리 가족은 낙동강을 넘어 부산 근처까지 가게 되었다.

괴로운 시간을 보내던 중, 유엔 안전 보장 이사회에서 유엔군의 참전을 결정했다. 유엔군은 (　　　)을 감행하여 서울을 되찾고 압록강까지 진격하였다. 나는 고향으로 돌아갈 수 있겠다는 기쁨으로 라디오에서 귀를 떼지 못했다.

기쁨도 잠시, 1951년 1월 4일 (　　　)이 전쟁에 참가하면서 다시 후퇴하였다. 38도선을 중심으로 전쟁은 계속되었다. 그러자 소련은 휴전을 제의하였고 1951년 7월, 휴전 협상이 시작되었다.

우리 국민들은 모두 전쟁이 끝나기를 빌고 또 빌었지만 휴전 협정은 포로 송환과 군사 분계선 문제로 2년이나 걸려 (　　　)년 7월 27일에야 체결되었다.

나는 그때서야 가족들을 데리고 서울로 돌아왔지만 집과 가게는 폭격으로 무너졌고, 살길이 막막하여 울기도 많이 울었던 것으로 기억된다.

지도로 보는 6.25 전쟁
6.25 전쟁의 과정을 지도 위에 나타냈습니다. 지도의 내용을 잘 살펴 6.25 전쟁의 과정에 맞게 번호를 쓰세요.

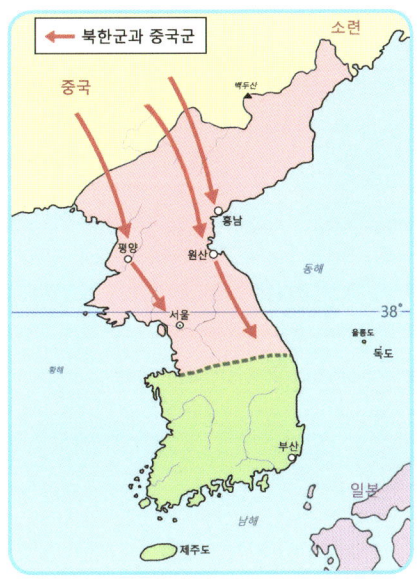

중국군의 개입과 1.4 후퇴

북한군의 전세가 불리해지자 중국이 전쟁에 참여했고 국군과 국제 연합군은 서울을 빼앗겼다가 다시 찾았다.

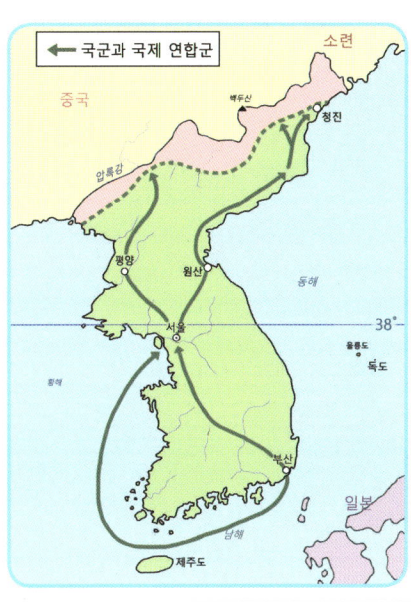

인천 상륙 작전

16개국으로 구성된 국제 연합군(UN군)이 국군과 함께 인천 상륙 작전으로 서울을 되찾고 압록강까지 올라갔다.

휴전 협정

38선 주변에서 치열한 전투가 계속되었지만 1953년 7월 27일 미국과 북한 중국이 휴전 협정을 체결하였다.

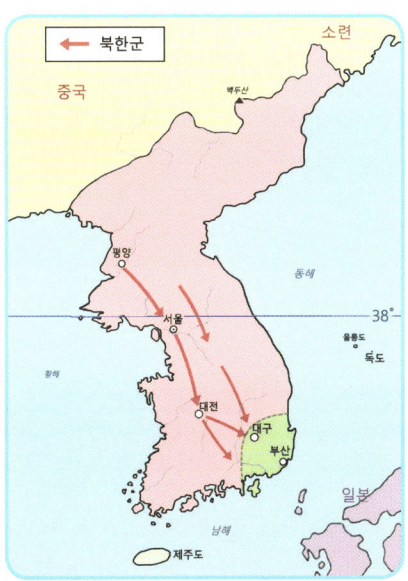

전쟁 발발

북한이 38도선을 넘어 침략하였다. 국군은 3일 만에 서울을 빼앗겼고 낙동강 이남 지역만 남아 부산이 임시 수도가 되었다.

 머리에 술술! 역사 상식 2

6·25 전쟁과 한강 인도교 폭파
아래 만화를 읽고 한강 인도교 폭파의 책임이 누구에게 있는지 말해 봅시다.

1 전쟁 당시 우리 국민들은 어떻게 살았는지 알아봅시다.

3차시

2 전쟁이 우리에게 남긴 피해를 물적 피해와 인적 피해로 나누어 정리해 봅시다.

물적 피해	
인적 피해	

3 6·25 전쟁 당시 유엔군으로 참전한 나라를 빈칸에 적어 보세요.

> **TIP** **제네바 회담! 그때 멈출 수도 있었는데**
>
> 정전 협상이 이루어진 후, 1954년 4월 26일, 스위스에서 제네바 회담이 열렸어요. 한국과 북한, 미국, 소련, 중국 등 6·25 전쟁과 관련된 나라들이 모여 다시 전쟁이 일어나는 것을 막고 평화를 이어 가기 위한 회담이었지요. 많은 이들이 통일을 원했지만 합의를 이끌어 내지 못하고 회담이 끝났어요. 그때가 우리의 분단을 멈출 수 있는 마지막 기회였는데 말이지요.

머리에 쏙쏙! 역사 상식 2

민주주의는 자란다 우리나라의 민주주의를 위한 노력을 알아봅시다.

① 우리나라의 민주주의를 발전시켜 온 주요한 사건의 원인과 과정, 결과를 바르게 짝지어 보세요.

사건	원인	과정	결과
 4·19 혁명	박정희가 죽자 전두환이 쿠데타로 정권을 잡고 독재 정치를 하려고 함.	마산에서 시위 도중 눈에 최루탄을 맞아 죽은 학생(김주열)이 발견되어 시위가 전국으로 확대됨.	1987년 6월 29일 대통령직선제 개헌을 하겠다고 선언함.
 5·18 민주화 운동	이승만의 장기 집권을 위한 부정 선거.	학생들을 중심으로 시작되었으나 모든 국민이 참여하게 됨.	많은 사람들이 희생되었으나 정부는 사건을 은폐하였다. 1988년 5공 비리 청문회를 통해 밝혀짐.
 6월 민주 항쟁	2016년 세월호 침몰, 최순실 국정 농단 사태 등에 대한 책임을 물어 대통령직에서 물러날 것을 요구함.	시위가 일어나자 전두환 정부는 이들을 폭도로 몰아 무력으로 진압함.	이승만 대통령 물러남(1960년 4월 26일). 많은 노동조합이 만들어졌고 진보 정당이 생김.
 촛불집회	전두환의 독재 정치 반대를 위한 시위.	국민들은 서울 광화문과 주요 도시에서 대규모의 촛불집회를 열고 박근혜 대통령의 퇴진을 외침.	박근혜 대통령이 물러나지 않자, 국회에서 대통령 탄핵 소추안을 가결, 2017년 헌법 재판소가 대통령의 파면을 결정함.

2 국민들은 위의 사건들로 많은 희생을 겪기도 했어요. 그런데도 많은 국민들이 참여한 이유는 무엇이었을까요?

_____

_____

_____

_____

_____

3 앞의 사건들 중에서 가장 중요한 사건은 무엇이라고 생각하나요?

_____

_____

_____

_____

_____

_____

| TIP | **탄핵이란?** |

대통령, 국무총리, 판사, 감사원장 등이 헌법이나 법률을 어겼을 때 민주적으로 파면하기 위한 제도입니다. 우리나라에서는 국회가 탄핵을 발의(소추)하고 헌법 재판소가 최종 심판을 합니다. (미국은 하원에서 발의하고 상원에서 심판을 합니다.) 대통령의 탄핵 소추는 국회 의원 재적 의원(출석한 의원이 아니라 전체의 국회 의원을 뜻함) 3분의 2가 찬성하면 탄핵 소추안이 가결되고, 헌법 재판소의 재판관 9명 중 6인 이상이 찬성하면 파면이 결정됩니다.

# 머리에 술술! 역사 상식 2

 민주주의의 후퇴 민주주의의 발전을 가로막은 두 사건에 대해 알아보아요.

① 이승만의 개헌에 대해 알아봅시다.

첫 번째 개헌 이승만 대통령은 전쟁 중에 개헌하려고 했지만 국회를 통과하지 못하자 (　　　　) 다시 통과시켰어요. 그래서 (　　　　) 개헌이라고 하지요.

두번째 개헌 개헌을 위한 정족수가 부족하자 (　　　　)의 원칙을 내세워 개헌안을 통과시켰어요.

첫 번째는 자유당 국회 의원이 과반수를 넘지 못하자 (　　　)이/가 직접 대통령을 뽑도록 개헌한 것이고, 두 번째는 대통령을 (　　) 번만 할 수 있다는 헌법 내용을 (　　) 번 할 수 있도록 고친 것이지요. 결국 두 번 모두 (　　　　)을/를 위한 목적이었습니다.

② 5·16 군사 정변에 대해서 이야기를 나누어 봅시다.

32 | 리더를 위한 역사 논술 ⓒ로직아이

우리나라 5대 국경일

국경일이란 어떤 날일까요? "나라의 경사스러운 날을 기념하기 위해 법률로써 지정한 날"이에요. 다음은 우리의 5대 국경일입니다. 빈칸에 알맞은 국경일 이름을 써 보세요.

1	1919년(기미년) 3월 1일, 일본의 통치에 항거하여 독립 선언서를 낭독하고 만세 운동을 펼치며 독립 의지를 세계에 알린 것을 기념하는 날입니다. 1949년 자주독립 정신과 조국을 위해 애쓴 선열들을 추모하기 위해 지정했어요.	
2	1948년 7월 17일, 자유 민주주의를 기본으로 하는 대한민국 헌법을 제정하고 공포한 것을 기념하는 날입니다. 조선 왕조의 건국일이 7월 17일이라 이날에 맞추어 정했다고 합니다.	
3	1945년 8월 15일, 우리나라가 일본으로부터 해방된 것을 기념하는 날입니다. 또한 1948년 8월 15일, 대한민국 정부를 수립한 것을 축하하기 위해 정한 날이기도 합니다. 1949년 10월 1일에 '광복절'로 지정했습니다.	
4	기원전 2333년경, 우리 민족이 세운 최초의 국가인 고조선의 건국을 기념하기 위해 정한 날입니다. 따라서 이날은 우리 민족이 최초로 나라를 세운 건국절이기도 합니다. "개천(開天)"의 의미는 '하늘이 열린다.'는 뜻으로 단군왕검의 아버지인 환웅이 하늘을 열고 땅으로 내려온 것을 의미하기도 한답니다.	
5	1446년 세종 대왕이 우리 글자인 훈민정음을 펴낸 것을 기념하고 한글의 우수성을 기리기 위해 정한 날입니다. 1926년 처음 정할 때에는 '가갸날'이었다가 1928년 '한글날'로 바꾸었습니다. 대한민국 국민의 문맹률이 세계 최저인 이유도 배우기 쉽고 쓰기 쉬운 한글 때문이라고 할 수 있습니다.	

재미가 솔솔! 역사 속으로

경제를 살리자 경제 개발 5개년 계획의 주요 사업 내용과 결과에 대한 보고서를 작성하려고 해요. 여러분이 빈칸을 채워 완성해 주세요.

경제 개발 5개년 계획 결과 보고서

보고자 _____

1. 경제 개발 5개년 계획을 실시하던 때의 우리나라의 상황

   _____

2. 경제 개발 5개년 계획의 내용
   - 경제 개발 초기 : 신발, 가발, 섬유 등 가벼운 재료를 다루는 경공업 발달
   - 1970년대 이후 : _____

3. 경제 개발 5개년 계획의 성과
   - 우리나라 경제가 연평균 10%씩 성장하였다.
   - _____
   - _____
   - _____

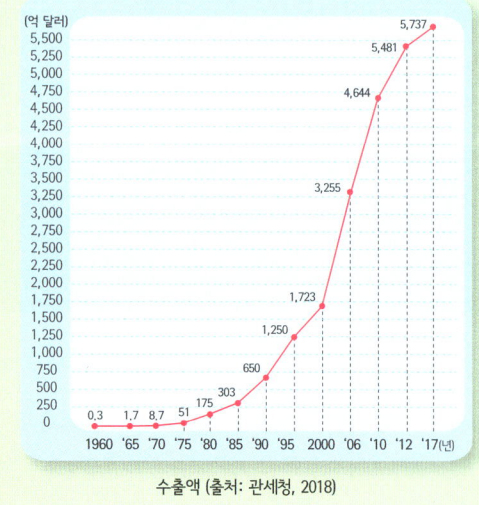

수출액 (출처: 관세청, 2018)

새마을 운동과 경제 발전 새마을 운동에 대해 자세하게 살펴보아요.

① 새마을 운동의 3대 기본 정신과 그 뜻은 무엇인가요?

새마을 운동의 3대 기본 정신	
자조	자기 발전을 위하여 스스로 애쓰자

② 새마을 운동의 성과는 무엇인가요?

③ 1970년대에 미국으로 이민 간 이모할머니께서 우리의 생활문화가 어떻게 바뀌었는지 궁금하대요. 여러분이 이모할머니께 잘 설명해 주세요.

재미가 솔솔! 역사 속으로

경제 발전을 위한 노력과 우리의 과제 눈부신 경제 발전과 그 문제점에 대해서 생각해 보아요.

① 우리는 전쟁으로 폐허가 된 나라를 '한강의 기적'으로 이끌었어요. 또 금융 위기도 이겨냈지요. 그러기 위해 많은 사람들의 노력이 있었답니다. 그림을 보면서 어떤 노력이 있었는지 이야기해 보세요.

② 경제가 발전하고 생활이 급속하게 발전하면서 여러 가지 문제점이 생기기도 했어요. 어떤 것인지 이야기해 봅시다.

경제 발전의 그늘 1970년. 청계천 평화 시장에서 한 청년이 자신의 몸에 불을 붙였어요. 전태일입니다. 인터뷰를 완성하면서 이러한 일이 일어나게 된 이유가 무엇인지 생각해 보세요.

기자 평화 시장에서는 주로 어떤 일을 하셨나요?

전태일

기자 일하면서 가장 어려운 점은 무엇이었나요?

전태일

기자 몸에 기름을 뿌리고 자신의 몸에 불을 붙인 이유는 무엇인가요?

전태일

기자 "우리는 기계가 아니다."라는 말은 어떤 의미였나요?

전태일

기자 후손들에게 꼭 당부하고 싶은 말이 있다면 해 주세요.

전태일

생각이 쑥쑥! 나도 역사가

🌿 **오늘이 있기까지** 우리나라의 대통령과 그에 어울리는 일들을 바르게 연결해 보세요.

이승만

- 5·16 군사 쿠데타.
- 경제 개발 5개년 계획과 새마을 운동.
- 남북 7·4 공동 성명.
- 3선 개헌과 유신 헌법 제정.

박정희

- 상해 임시 정부 초대 대통령.
- 국회 의원들의 간접 선거로 대한민국 초대 대통령 취임.
- 6·25 전쟁 중 부산에서 직선제 개헌 후 2대 대통령이 됨.
- 3선 개헌(사사오입 개헌)과 4·19 혁명.

전두환

- 금융 실명제 실시.
- 지방 자치제 실시.
- 신 경제 5개년 계획 수립.
- 외환 부족으로 경제 위기를 겪음.
- 국제 통화 기금(IMF)에 구제 신청함.

노태우

- 대통령 간접 선거 임기 7년 단임제로 개헌(제5공화국).
- 광주 민주화 운동 탄압의 책임이 있음.
- 언론사 통폐합으로 언론을 탄압함.
- 기업인들에게 수천억 원의 돈을 받음.

김영삼

- 6·29 민주화 선언.
- 대통령 직선제 5년 단임제로 개헌(제6공화국).
- 한반도 비핵화 선언.
- 기업가로부터 많은 돈을 받음.

5차시

김대중

- 국민과 함께하는 민주주의를 목표로 함.
- 언론의 공정성 보장.
- 지역주의를 없애기 위해 노력함.
- 한미 FTA 체결, 혁신 도시 건설.

노무현

- 외환 위기 극복.
- 복지와 인권 문제 개선.
- 국민연금 제도 도입.
- 남북 관계를 개선시킨 공로로 노벨 평화상 받음.

이명박

- 제19대 대통령
- 북한의 김정은과 남북 정상 회담
- 북한과 미국 사이의 중재 외교
- 북한의 평양 능라도 경기장에서의 연설
- 남북 공동 연락 사무소 개설

박근혜

- 4대강 사업
- 금강산 관광 중단
- 다스 법인 자금 횡령
- 직권 남용과 뇌물 수수
- 공직 임명 대가 뇌물 수수

문재인

- 세월호 사건
- 공무원 사직 강요
- 개성 공단 폐쇄
- 대기업에 출연금 강요
- 국가 정보원의 특수 활동비 상납

TIP 우리나라의 대통령

우리나라의 대통령은 누구누구였는지 알아볼까요? 괄호 안에 쓴 내용은 정권이 바뀌게 된 원인이에요.

이승만 정부 - (4·19 혁명) - 장면 내각 - (5·16 군사정변) - 박정희 정부 - (10·26 사태, 광주 민주화 운동) - 전두환 정부 - (6·29 선언) - 노태우 정부 - 김영삼 정부 - (IMF 외환 위기) - 김대중 정부 - 노무현 정부 - 이명박 정부 - 박근혜 정부 - (촛불 집회, 박근혜 탄핵) - 문재인 정부

민주주의의 주인은 나 — 국민의 대표자를 뽑는 선거에 대해 알아봅시다.

○ 국민 투표란 무엇인가요?

> 국민 투표는 나라의 중요한 사항을 국민들의 표결로 결정하는 제도입니다. 외교·국방·통일 등 나라의 중요한 정책이나 헌법을 개정할 때 시행되며, 우리나라는 1954년 처음 도입되었어요. 국민 투표는 만 (　　)세 이상의 국민이 참여할 수 있답니다.

○ 국민 투표는 어떤 과정을 거치는지 빈칸에 알맞은 단어를 쓰면서 정리해 보세요.

국민 투표의 과정 — 헌법 개정의 예

- 대통령이 투표 18일 전까지 국민 투표일과 국민 투표안을 동시에 공고함.
- 국회는 헌법 공고된 날로부터 　　　일 이내에 의결, 재적 국회 의원 　　　이상의 찬성을 얻어야 함.
- 국회 의결 　　　일 이내에 국민 투표에 붙여 유권자(투표할 수 있는 사람) 과반수의 투표와 투표자 과반수의 찬성을 얻어야 함.
- 헌법 개정안에 찬성자가 더 많았다면, 대통령은 이를 즉시 공포함.

○ 국민 투표가 중요한 이유를 생각해 보세요.

선거를 통한 정치 참여 국민의 대표자를 뽑는 선거에 대해 알아봅시다.

○ 선거란 일정한 조직이나 집단의 대표자를 뽑는 것을 말해요. 우리나라에서 선거를 통해 뽑는 사람은 누구누구인가요?

○ 대한민국 헌법 제41조 1항과 제67조 1항에서 정하고 있는 선거의 기본 원칙이 무엇인지 알아보고 그 의미도 생각해 보아요.

자유 선거	강제 선거의 반대 의미로 선거에 대한 외부의 간섭을 받지 않음.
보통 선거	
평등 선거	
직접 선거	
비밀 선거	

○ 대통령 선거의 과정을 알아보아요.

1	대통령 후보자 등록	우리나라에서 살고 있는 만 세 이상의 대한민국 국민이면 누구나 등록할 수 있음.
2	선거 운동	텔레비전이나 신문 광고, 선거 연설, 토론회 등에서 정치적 의견을 알림.
3	투표	만 세 이상 참여.
4	개표	당선자 발표, 당선증 교부

○ 나라를 대표하는 대통령이 갖추어야 할 조건은 무엇이라고 생각하나요?

# 생각이 쑥쑥! 나도 역사가

통일로 가는 길 우리의 간절한 염원인 통일을 위한 노력을 생각해 보아요.

① 남북한 간의 화해와 교류의 과정을 표로 정리해 보세요.

1972년	남북한 7.4 공동 성명	남한과 북한에서 동시에 발표
1991년	남북한 ___ 동시 가입	남한은 1975년 NPT(핵 확산 금지 조약)에 가입, 북한은 1985년 가입 2003년 탈퇴 선언.
( )년	평양 남북 정상 회담 개최, 6.15 남북 공동 선언	김대중 대통령과 ___ 위원장
2007년	남북 정상 회담 개최, 판문점 통과	___ 대통령과 김정일 위원장
2018년	평양 남북 정당 회담	문재인 대통령과 ___ 위원장

② 2018년 9월에 개성 공단에 남북 공동 연락 사무소를 만들었습니다. 남북한 당국자들이 매일 만나 남북한의 공동 발전을 도모하기로 했습니다. 이곳에서는 어떤 일을 하면 좋을까요? 구체적으로 이야기해 봅시다.

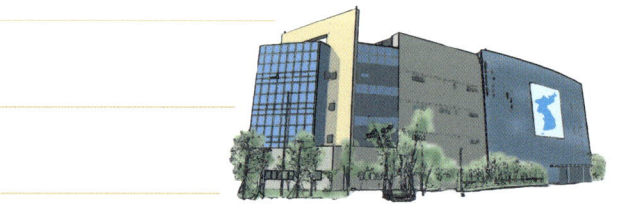

3 많은 사람들이 오랜 시간 통일을 위해 노력했어요. 빈칸에 알맞은 말을 써보세요.

① 1972년에 남북한 정부가 통일 방법에 대해 발표한 성명이에요. 이 성명에서 남북한은 자주, 평화, 민족 대단결이라는 원칙에 합의하고 계속해서 통일 문제를 의논하기로 했답니다.

② 1985년 남북 적십자 회담이 다시 시작되면서 6·25 전쟁 때 남과 북으로 헤어진 가족들이 처음으로 서울과 평양에서 다시 만나게 되었어요. 휴전된 해가 1953년이니까 무려 32년이 지나서야 가족들을 만날 수 있었던 거지요.

③ 2000년 6월 김대중 대통령과 김정일 국방 위원장이 분단 이후 처음으로 평양에서 회담을 열었어요. 그 결과 금강산 관광, 이산가족 상봉 확대, 남북 철도 연결 등의 합의를 끌어냈지요. 이것을 계기로 김대중 대통령은 노벨 평화상을 받기도 했어요.

④ 북한은 경제 위기를 극복하고자 1991년 나진과 선봉에 경제 특구를 설치했고, 2002년에는 금강산 관광 지구를 설치했으며, 2003년에는 이것을 건설했다.

⑤ 남한과 북한은 국제 대회에 남북한 단일팀으로 참가하기도 했고, 민간 차원에서 문화를 교류하는 등 다양한 활동을 했답니다.

| 보기 | 문화 체육 교류　　7·4 공동 성명　　개성 공단　　6·15 남북 정상 회담　　이산가족 상봉 |

 생각이 쑥쑥! 나도 역사가

5. 우리가 통일을 이루었다고 가정하고 그날의 가상 인터뷰를 써 보세요.

기자

온 국민의 소원이던 통일의 날이 밝았습니다. 통일의 기쁨을 나누기 위해 이곳 판문점에 나와 있습니다. 잠시 후 분단의 상징인 휴전선이 철거될 텐데요. 시민들을 만나 통일에 대한 생각을 들어 보겠습니다.

나소원

오늘은 역사적인 날입니다. 아마 평생 잊지 못할 것입니다. 전쟁의 위험이 사라진 평화의 나라가 될 거라고 생각합니다.

기자

서로의 생각이 너무 달라 갈등이 심해지는 것을 염려해 통일을 반대하는 사람들도 있습니다. 이런 생각을 가진 분들에게 한 말씀 부탁드립니다.

5차시

 평화 통일 우리 모두가 간절히 바라는 평화 통일의 그날이 되었다고 생각하고 그 날의 기쁨과 감동을 담은 호외를 써 봅시다.

> **호외란?**
>
> 신문사가 매일 발간하는 신문 이외에 중요하거나 관심이 높은 특별한 뉴스를 빠르게 전달하기 위해 임시로 발행하는 인쇄물을 말한답니다.

평화일보   **號外**
peace.logici.com

20 년 월 일 요일

"   "

"드디어 하나" 통일 소식에 시민들이 환호하고 있다. 김평화 기자 peace@logici.com

6. 발전하는 대한민국 새로 쓰는 우리 역사 | 45

 ## 마음에 꼭꼭! 되돌아보기

🌿 **역사적인 인물** 다음의 인물들 가운데 가장 닮고 싶거나 자랑하고 싶은 인물을 고르고 그 이유를 간단하게 써 보세요. [보기]에 나오지 않은 인물을 선택해도 좋습니다.

김구　　이승만　　4·19 혁명에 참가했던 시민

박정희　　전태일　　김대중　　노무현

가장 닮고 싶거나 자랑하고 싶은 인물

이 유

6차시

🌿 **역사적인 사건** 다음의 사건들 가운데 가장 인상적이거나 의미 있는 사건을 선택하고 그 이유를 간단하게 써 보세요. [보기]에 나오지 않은 사건을 선택해도 됩니다.

8·15 광복

대한민국 정부 수립

6·25 전쟁

5·18 민주화 운동

남북 정상회담

서울 올림픽

촛불 집회

가장 인상적이거나 의미 있는 사건

이유

6. 발전하는 대한민국 새로 쓰는 우리 역사

마음에 꼭꼭! 되돌아보기

우리의 역사 전체 돌아보기 우리나라의 이름과 영토는 어떻게 변화되어 왔는지 한 눈에 정리해 보세요. 지도를 확인하고 빈칸에 알맞은 나라 이름을 써 넣으세요. 마지막에는 여러분이 그려 보세요.

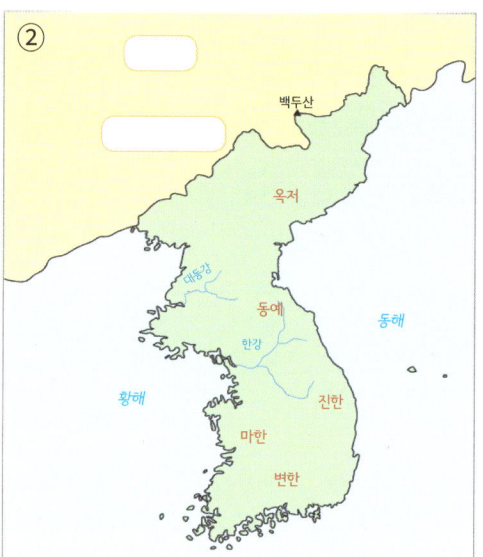

, 옥저, 동예, , 진한, 마한, 변한

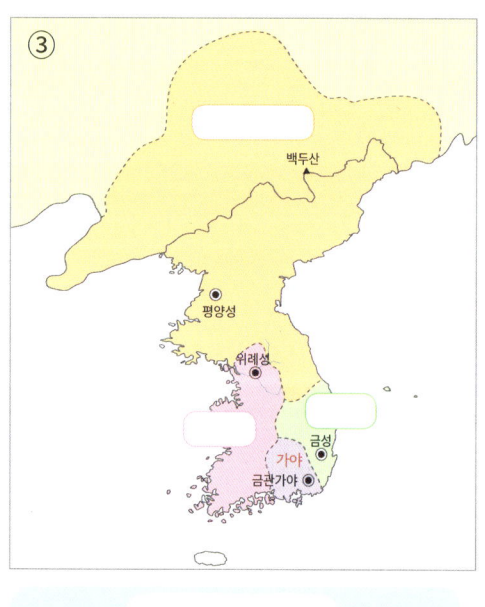

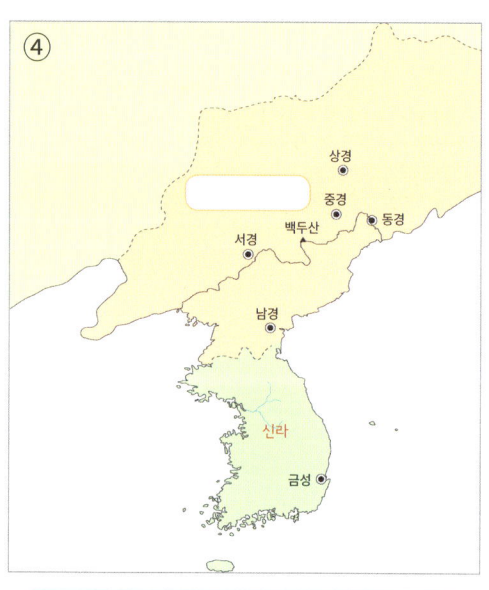

통일신라,

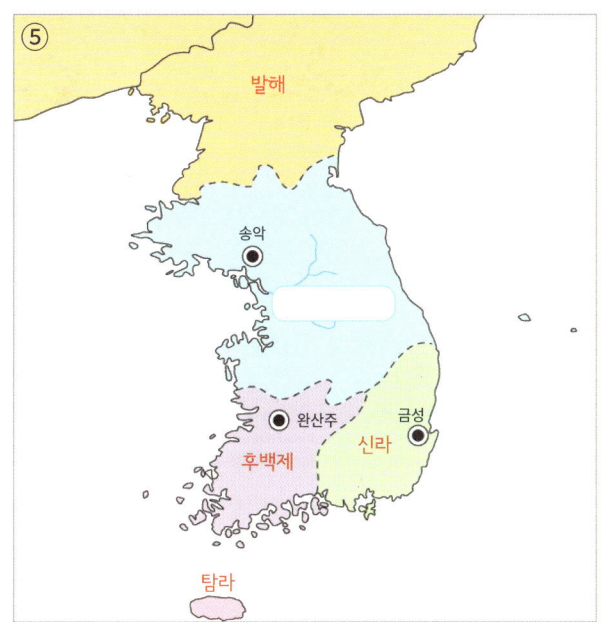
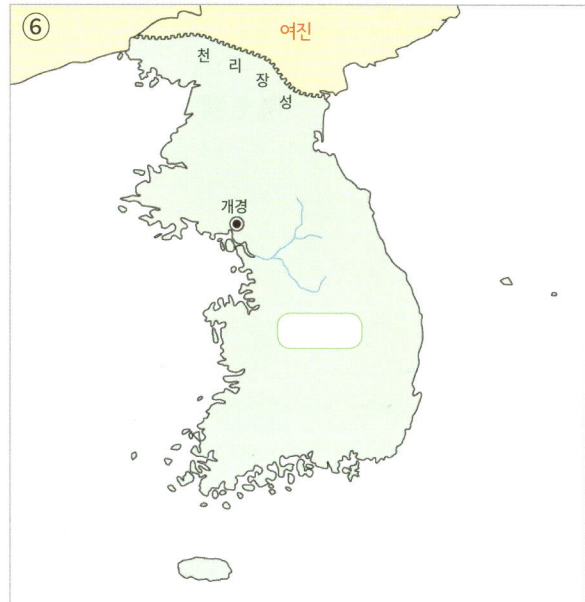

, 후백제, 신라

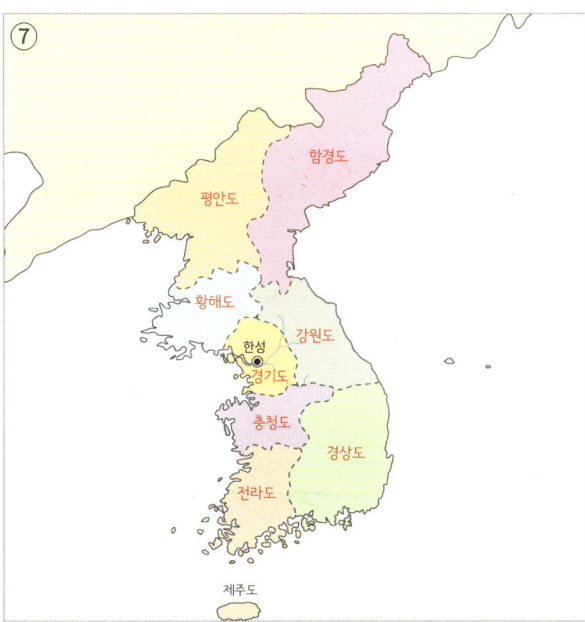

# 마음에 꼭꼭! 되돌아보기

역사 탐방 안내 역사 탐방 안내 자료를 참고하여 개화기 이후의 유적지 및 문화재를 직접 탐방해 보세요.

장소	탐방내용	참고 사이트
국립중앙박물관 탐방	1층 조선 5실 근대 시기의 유물, 유적, 사진, 그림 등이 전시되어 있음.	www.museum.go.kr
강화도 일원	강화도 문화 관광 홈페이지 참고 덕진진, 광성보, 초지진, 정족산성 등.	http://tour.ganghwa.incheon.kr/
운현궁	수직사, 노안당, 노락당, 이로당 등.	www.unhyeongung.or.kr
독립 기념관	2관 겨레의 시련 / 3관 나라 지키기 4관 겨레의 함성 / 5관 나라 되찾기 6관 새나라 세우기 / 7관 함께하는 독립운동	www.i815.or.kr
백범 김구 기념관	상설 전시실 운영 백범 김구의 일생과 독립운동 등의 활동 백범 김구와 관련된 교육 문화 프로그램 운영	www.kimkoomuseum.org
서대문 형무소 역사관	유관순 지하 감옥, 옥사, 사형장 등 전시물 관람.	www.sscmc.or.kr/culture2
DMZ 박물관	통일 전망대 내에 위치함. 정전 협정서 등 6·25 전쟁과 관련된 자료 전시 DMZ의 생성과 역사, DMZ의 생태, 철책선 걷기 체험, 전쟁 음식 체험 등	www.dmzmuseum.com
DMZ 탐방	파주(판문점 포함), 연천, 철원, 양구, 고성의 DMZ 여행 DMZ별 캠프 운영. DMZ 생태 관광	www.tourkoreazmuseum.com
전쟁 기념관	상설 전시실 운영 호국 추모실, 전쟁 역사실, 6·25 전쟁실, 국군 발전실, 기획 전시실, 옥외 전시장 등	http://www.warmemo.or.kr
대한민국 역사박물관 / 근현대사 박물관	상설 전시관 운영 대한민국의 태동, 대한민국의 기초 확립, 대한민국의 성장과 발전 등. 다양한 교육과 체험 프로그램 운영	http://www.much.go.kr www.kmhm.or.kr

역사 탐방 계획서

탐방 장소

탐방 날짜

교통편 및 준비물

탐방 내용

탐방할 때 주의할 점

마음에 꼭꼭! 되돌아보기

6차시

역사 탐방 보고서 답사 보고서는 다양한 방법으로 쓸 수 있답니다. 이번에는 비무장 지대를 답사한 내용을 벽걸이 액자로 만들어 보아요.

만드는 방법

○ 답사지와 관련된 자료를 모아 두세요. 지도나 안내 책자, 입장권과 답사 가서 찍은 사진도 좋은 자료가 된답니다.

○ 자료가 준비되었다면 사진처럼 하드보드지나 골판지를 준비하세요.
  * 이때 벽걸이 액자의 크기는 형편에 맞게 조절하면 됩니다.

○ 사진과 안내 책자를 이용하여 답사의 일정과 느낀 점 등을 답사한 순서에 따라 쓰고 붙여요.

○ 벽에 걸 수 있는 고리를 만들면 세상에 하나뿐인 나만의 보고서가 완성됩니다.

예시 자료

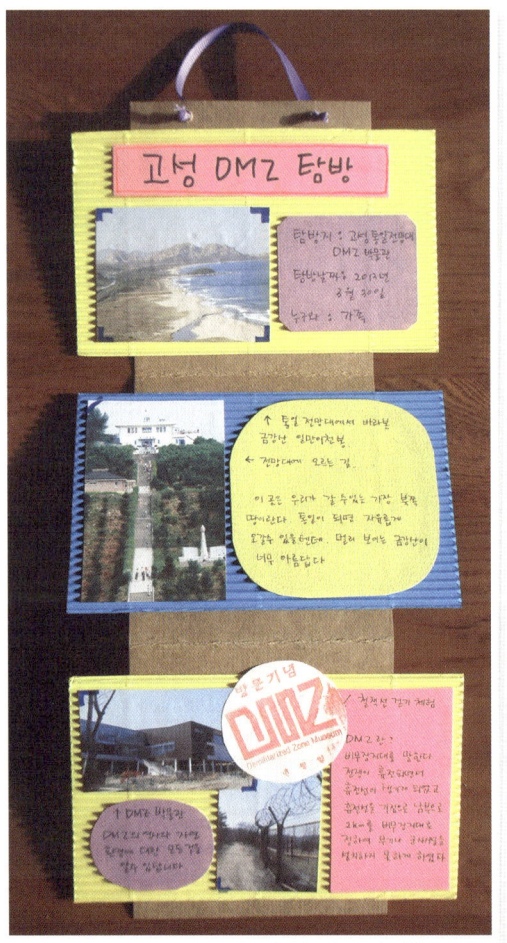

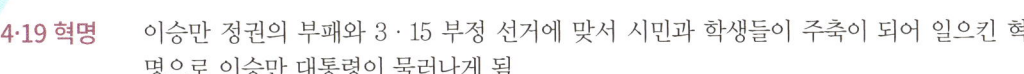

4·19 혁명 이승만 정권의 부패와 3·15 부정 선거에 맞서 시민과 학생들이 주축이 되어 일으킨 혁명으로 이승만 대통령이 물러나게 됨.

5·16 군사 정변 군인이었던 박정희가 쿠데타를 일으킴. 박정희는 이 사건으로 정권을 잡음.

5·18 민주화 운동 1980년 광주를 중심으로 벌어진 민주화 운동. 쿠데타를 일으켰던 전두환이 정치 권력을 차지하기 위해 전국에 비상 계엄을 확대하고 정치인들을 가두었을 때, 계엄군의 무자비한 진압에 화가 난 광주 시민들이 시민군을 만들어 이에 맞섬. 실패했지만 손꼽히는 민주화 운동임.

6·25 전쟁 1950년 6월 25일, 북한의 남침으로 시작되어 3년 가까이 벌어진 전쟁.

6월 민주 항쟁 1987년 6월, 전두환 정부가 헌법을 고치자는 국민들의 요구를 무시하자 이에 반대하여 전 국민이 벌인 민주화 운동. 대통령 직접 선거의 내용을 담은 "6·29 민주화 선언"을 이끌어 냄.

7·4 남북 공동 성명 1972년 7월 4일, 남한과 북한 정부가 공동으로 통일 방안을 발표한 성명.

공화국 주권이 국민에게 있는 나라.

금융 실명제 은행 등에서 금융 거래를 할 때 실제의 명의(이름)로 해야 하는 제도. 금융 거래 정상화와 합리적인 과세(세금 부과) 기반을 마련하기 위한 제도.

냉전 체제 무력을 사용하지 않으면서도 경제·외교·정보 면에서 국제적으로 대립하는 상태. 제2차 세계 대전 이후 미국과 소련 즉, 자본주의와 공산주의의 대립 모습을 의미함.
(사례 : 1990년 소련의 해체와 사회주의의 몰락으로 냉전 상태는 사실상 종결되었다.)

모스크바 3국 외상 회의(3상 회의) 1945년 소련 모스크바에서 미국, 영국, 소련의 외무 장관이 한국의 신탁 통치를 결정한 회의.

미·소 공동 위원회 모스크바 3상 회의의 결정에 따라 한국 문제를 의논하기 위하여 미군과 소련군의 대표가 만난 회의.

민주주의 국민이 나라의 주인이 되고 국민의 뜻에 따라 나라를 다스리고 이끌어 가는 정치 제도나 사상.

반민 특위 "반민족 행위 특별 조사 위원회"의 줄인 말. 1948년 9월, 국회가 반민족 행위자 처벌법을 제정하고 친일파들을 찾아내 처벌하기 위해 구성한 위원회.

발췌 개헌 1952년 7월 7일 부산의 피난 국회에서 통과된 대한민국 첫 번째의 개정 헌법. 대통령 직선제의 정부측 안과, 내각 책임제를 골자로 하는 국회안 가운데 직선제만 발췌해서 통과시킨 개헌. 사실상 이승만의 대통령 재선을 위한 개헌.

북위 적도에서 북극까지 고르게 나눈 위도.

분단 땅, 나라, 겨레 등을 갈라 나누는 것.

사사오입 개헌 1954년 이승만 대통령의 3선 제한 철폐를 위해, 집권당인 자유당이 사사오입의 논리를 적용시켜 정족수 미달의 헌법 개정안을 불법 통과시킨 제2차 개헌.

상봉 오래 떨어져 지내던 사람들이 만나는 것.

역사 낱말 풀이!

새마을 운동 부지런히 일해서 살기 좋은 마을을 만들자고 정부가 앞장서서 벌인 운동. 1970년에 시작됨.

선출 어떤 일을 맡을 사람을 뽑는 것.

수립 어떤 일에 필요한 틀이나 방법을 마련하는 것.

시위 여럿이 한데 모여 자기들의 주장을 나타내는 행동.

신탁 통치 스스로 다스릴 힘이 없다고 여기는 나라를 힘센 나라가 대신 다스리는 것.

외환 위기 1997년 12월, 달러의 부족으로 겪은 경제 위기. 정부는 국제 통화 기금(IMF)에 구제 금융을 신청하여 위기를 넘김.

유신 헌법 1972년 10월 17일, 박정희 대통령이 전국에 비상계엄을 선포하고 만든 헌법. 대통령의 중임 제한 폐지, 대통령의 국회 의원 3분의 1 임명권, 대통령의 국회 해산권과 긴급 조치권 등 독재 정치 체제를 위한 헌법.

유엔(UN) 국제 연합(United Nations). 1945년 10월 24일에 국제 평화와 안전을 위하여 창설한 국제 평화 기구. 주요 기관은 총회, 안전 보장 이사회, 신탁 통치 이사회, 경제 사회 이사회, 국제 사법 재판소 등이고, 본부는 미국 뉴욕에 있다.

이산가족 여러 가지 사정으로 헤어져 사는 가족.

절차 어떤 일을 하는 차례.

정상 회담 두 나라 이상의 수반(우두머리)이 모여서 하는 회담.

정전 교전 중에 잠깐 싸움을 멈추는 것.

정족수 합의체가 개회하고 결정하는 데 필요한 최소한의 수.

제헌 헌법을 만들어 정하는 것.

제헌 국회 헌법을 처음 만든 국회. 우리나라 맨 처음의 국회를 가리킴.

조인 서로 약속하여 만든 문서에 서명하는 일.

조직 어떤 일을 하려고 여럿이 모여서 짜임새 있는 모임을 이루는 것. 또는 그 모임.

주권 나라의 주인으로서 가지는 권리.

주둔 군대가 어떤 곳에 자리를 잡고 머무르는 것.

탄압 힘이나 권력으로 많은 사람을 눌러 꼼짝 못하게 하는 것.

파견 어떤 일을 맡겨서 사람을 보내는 것.

폐허 집 같은 것이 무너져서 못쓰게 된 터.

항쟁 맞서 싸우는 행동.

해방 억눌림이나 얽매임에서 벗어나 자유로워지는 것.

혁명 헌법의 범위를 벗어나 국가 기초, 사회 제도, 경제 제도, 조직 따위를 근본적으로 고치는 일. (사례 : 5·16은 무력으로 정권을 빼앗은 정변 즉 쿠데타이고 4·19는 혁명이다.)

협의 어떤 일이나 문제를 두고 여럿이 모여 의논하는 것.

휴전 전쟁을 얼마 동안 멈추는 일.

학부모와 선생님을 위한 **역사논술**

모범답안 + 길라잡이

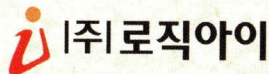

6_발전하는 대한민국
새로 쓰는 우리 역사

11쪽

사진 설명
내용 : 한강

우리는 전쟁 후 폐허가 된 땅에서 광복을 맞이했고 정부를 세워 오늘에 이르기까지 수많은 노력을 기울였다. 그 결과 대한민국은 현재 세계적으로도 "한강의 기적"이라고 불릴 만큼 급성장했다. 그 과정 속에서 민주주의도 빨리 정착했다. 한강은 우리 민족의 유구한 역사와 함께해 왔으며 폐허가 된 땅 위에 쏟아 부은 우리의 노력과 눈부신 발전을 상징적으로 보여 주기도 한다.

[길라잡이]

* 6단원 전체 설명

1945년 8월 15일, 우리는 광복을 맞이하였으나 정부의 수립은 분단과 함께 시작되었고, 이러한 대립은 1950년 참혹한 전쟁을 낳았다.

1950년 6월 25일, 소련과 중국의 지원을 받은 북한 인민군이 공격을 개시하면서, 전투가 시작된 지 사흘 만에 서울이 점령당했다. 유엔군이 개입하고 인천 상륙 작전이 감행되면서 중국 공산당이 전쟁에 참여함으로써 전쟁은 자본주의와 사회주의 양 진영 간의 국제전이 되었다. 소련의 제의로 시작된 정전 협상은 1953년에 끝났다. 당시 대통령이었던 이승만은 권력 유지를 위해 헌법을 두 번이나 바꾸었고, 1960년 재집권을 위해 부정 선거를 하자 국민들은 4·19 혁명을 일으켜 이승만을 하야시키고 민주주의를 발전시켰다.

1961년 박정희는 군사 정변을 일으켜 대통령이 되었다. 1970년대 미국과 중국 사이에 화해 분위기가 조성되면서 남북한은 1972년 7·4 공동 성명을 발표하였다. 이 시기에 경제 개발 5개년 계획을 시작해서 비약적인 발전을 이루었지만 박정희 대통령은 유신 헌법을 공포하였고 민주주의는 후퇴하였다.

박정희 대통령이 10·26 사건으로 사망하면서 유신 체제도 종결되었으나 1979년 전두환을 중심으로 군사 반란(12·12 군사 반란)이 일어나고 계엄을 선포하자 광주에서는 계엄 해제와 개헌을 주장하며 대규모 시위를 일으켰다. 신군부는 무자비한 폭력으로 진압하였다 (5·18 민주화 운동).

신군부는 유신 헌법과 비슷한 새 헌법을 제정하였고 전두환이 대통령에 당선되었다. 계속되는 민주주의의 탄압에 대통령 직선제에 대한 국민의 요구가 커졌고 1987년 6월 10일, 전국에서 대규모 시위가 일어나(6월 민주 항쟁) 헌법 개정과 민주 선거를 약속받게 되었다 (6·29선언).

한국은 세계 10위권의 경제 대국으로 성장하였고, 김영삼 정부 때는 금융 실명제를 실시했으나 경제 위기로 IMF의 지원을 받았다.

김대중 정부는 국민의 힘을 모아 IMF 외환 위기를 지혜롭게 극복하고 최초의 남북 정상 회담으로 노벨 평화상을 받았다. 2002년에는 한일 월드컵으로 대한민국 전체가 흥겨웠다. 노무현은 한미 FTA를 타결했고, 정부 기관과 공기업을 지방으로 옮기는 혁신 도시를 법률로 확정한 후에 남북 정상 회담을 가졌다.

그러나 이명박은 무리하게 4대강 사업을 강행했고 박근혜는 세월호 사건과 최순실 게이트 촛불집회 등으로 어려움을 겪다가 헌법 재판소에서 '파면' 결정을 받았다. 이명박과 박근혜는 여러 가지 비리 혐의로 감옥에 갔다. 그 후에 문재인이 대통령이 되어 남북 정상 회담과 북미 회담을 주도함으로써 남북 교류가 활발해지고 있다.

12~13쪽

[길라잡이]

그림 설명

그림 설명
〈왼쪽 위〉 8·15 광복, 신탁 통치 결정(모스크바 3국 외상 회의), 김구의 북한 측과 협상 시도.
〈오른쪽 위〉 남한 총선거, 헌법 공포, 대한민국 정부 수립, 6·25 전쟁, 휴전.
〈가운데 오른쪽〉 4·19 혁명, 5·16 군사 정변, 경제 개발 5개년 계획, 새마을 운동, 7·4 공동 성명.
〈가운데 왼쪽〉 유신 헌법 공포, 10·26 사태, 5·18 민주화 운동, 6월 민주 항쟁.
〈왼쪽 아래〉 서울 올림픽, 이산가족 상봉, 외환 위기의 극복, 남북 정상 회담, 한일 월드컵.
〈오른쪽 아래〉 남북 정상 회담, 이명박의 4대강, 세월호와 박근혜 탄핵, 남북 정상 회담, 북미 정상 회담.

14~15쪽

[정답]

8·15 광복(**1945년 8월 15일**) - 헌법 제정(1948년 7월 17

일), **대한민국 정부 수립(1948년 8월 15일)** – 6·25 전쟁(1950년 6월 25일), 휴전 협정 조인(1953년) – **4·19 혁명(1960년 4월 19일)** – 5·16 군사 정변**(1961년 5월 16일)** – 새마을 운동 시작(1970년) – **7·4 공동 성명(1972년)**, 유신 헌법 공포(1972) – **10·26 사태(1979년 10월 26일)** – **5·18 민주화 운동(1980년 5월 18일)** – 6월 민주 항쟁**(1987년 6월 10일)** – 제24회 서울 올림픽(1988년) – 금융 실명제**(1993년)** – IMF 외환 위기**(1997년)** – 남북 정상 회담. 6·15 남북 공동 선언(**2000년**) – **한일 월드컵 축구 대회(2002년)** – 노무현·김정일 남북 정상 회담(2007년) – 한미 FTA 타결(2007년) – 혁신 도시 건설 결정(2007년) – 노무현·김정일 남북 정상 회담(2007년) – 이명박의 4대강(2008년~2012년) – 세월호 사건(2016년), 박근혜 탄핵과 문재인 대통령 당선(2017년) – 문재인·김정은 남북 정상 회담, 김정은·트럼프의 북미 정상 회담

16쪽

[정답]
1945년 8월 15일 : 8·15 광복, 원자 폭탄, 군정
1945년 12월 : 미국, 영국, 소련, 신탁 통치
1948년 5월 10일 : 총선거, 국회 의원
1948년 7월 17일 : 제헌 헌법
1948년 8월 15일 : 38도선

[길라잡이]
 1945년 8월 15일, 38도선을 군사 분계선으로 미국과 소련이 군대를 진주시키고 신탁 통치를 결정하자 이에 대한 의견이 엇갈렸다. 유엔은 남북한 총선거를 결정하였으나 소련 측이 이를 받아들이지 않아 남한에서만 선거가 치러졌다. 이 선거를 통해 뽑힌 국회 의원으로 대한민국 제헌 국회가 구성되어 7월 17일 헌법을 제정 공포하고 초대 대통령으로 이승만을 선출하였다. 1948년 8월 15일 대한민국 정부 수립을 국내외에 선포하게 된다.

17쪽

1. [예시답]
 신탁 통치란 특정 국가가 일정 지역을 대신 통치하는 제도로 다른 나라가 우리나라를 대신 다스리는 것을 말한다.
2. [예시답]
신탁 통치에 찬성하는 이유? 모든 것이 혼란스러운 상황이었으므로 임시 정부를 세우는 것이 가장 중요하다고 생각했다.
신탁 통치에 반대하는 이유? 신탁 통치를 받는 것이 또다시 식민지가 되는 것이라고 생각했다.

3. [예시답]
김구의 노력 : 다양한 의견(좌우)을 가진 이들을 하나로 모으려고 노력했으며 북한 측과 회담을 제안하고 성사시켰다.
이유 : 백범 김구 선생은 우리 민족의 분단을 막고 싶었다. 또한 우리 민족의 문제를 외세의 힘이 아니라 우리 힘으로 해결하고 싶었다.

[길라잡이]
 백범 김구 선생의 노력과 생각을 엿보는 발문이다. 비록 김구를 비롯한 많은 이들의 노력이 성공하지 못했지만 그들의 뜻을 새길 수 있으면 좋겠다.

18쪽

1. [정답]
광복군, 의병, 건국 동맹
[예시답]
 나라 안팎에서 독립을 위해 많은 노력을 했으며 그 노력이 광복을 맞이하는 데 큰 힘이 되었다. 교재에 제시된 내용 이외에도 학교를 세워 민족 의식을 고취시키고 국채 보상 운동, 물산 장려 운동 등 경제적으로 일본의 손아귀로부터 벗어나기 위한 활동을 벌였다.
2. [예시답]
서로 원하는 나라의 모습이 달랐기 때문이다.
3. [정답]
이승만 : 가능한 지역만이라도 선거를 실시하는 것이 나라를 안정시키는 방법이다.
김구 : 시간이 걸리더라도 통일된 정부를 세우는 것이 중요하다.

19쪽

[정답] 김구, 이승만, 박헌영, 여운형
[예시답]
 국민이 진심으로 바랬던 것은 국민들이 나라의 주인으로 행복하게 살 수 있는 독립된 나라를 만드는 것입니다.

20쪽

[정답]
국회 의원, 대통령, 대통령, 국회 의원, 총리
[정답]
공통점 : 국민이 대표(대통령, 또는 국회 의원)를 뽑는다.
차이점 : 대통령제는 행정부의 수반이 대통령으로 국민이 선출하고 임기가 보장된다. 의원 내각제는 행정부의 수반이 총리(수상)이며 국회 의원의 수가 많은 당의 총리를 지명한다.

[예시답]
나라마다 역사적인 배경과 상황이 다르기 때문이다.
[예시답]
　우리나라는 대통령제를 기본으로 의원 내각제의 요소를 부분적으로 도입했다. 행정부가 법률안을 제출할 수 있고 국회 의원이 행정부의 장관이 되기도 하며, 같은 대통령 중심제, 의원 내각제라도 나라마다 조금씩 다르다.

21쪽

[예시답] 가장 중요한 조항
1조 : 대한민국이 어떤 나라인지를 밝히는 조항이기 때문이다.
2조 : 대한민국의 주권이 어디에 있는지를 밝히는 조항이기 때문이다.

[예시답] 내가 꿈꾸는 나라
· 내가 꿈꾸는 나라는 공부를 잘 못해도 할 수 있는 것이 많은 나라
· 내가 꿈꾸는 나라는 힘없는 사람도 행복하게 살 수있는 나라
· 내가 꿈꾸는 나라는 착한 사람이 복을 받는 나라

[길라잡이]
　학생이 쓴 것 중에 하나를 골라 이유와 함께 발표하게 한다.

22쪽

1. [정답]
남한에 세워진 정부 : 대한민국
대통령 : 이승만
북한에 세워진 정부 : 조선 민주주의 인민 공화국
수상 : 김일성

2. [예시답]
· 남한과 북한이 서로를 인정하지 않아 통일을 이루기가 더 어려워졌다.
· 남한과 북한의 대립은 결국 전쟁이 일어나는 원인이 되었다.

23쪽

[예시답]
　친일파들은 나라가 어려울 때 일본에 협력하여 자신의 이익만을 추구했으며 독립운동가들을 탄압하고 민족의 독립을 방해하였다. 또한 친일파들의 이름을 공개하고 그들의 잘못이 무엇인지 조사를 해서 벌을 주며 친일 행각을 통해 얻은 재산은 원래의 자리로 되돌려 놓는 것이 당연한 일이다. 이것이 우리 민족의 자존심을 세우고 나라의 독립을 위해 애쓴 많은 조상들에게 보답하는 일이기 때문이다.

[길라잡이]
　반민족 행위자 특별법과 친일 재산 환수법이 제정되었지만 법 제정의 목적은 달성하지 못했다고 할 수 있다. 반민 특위는 불과 1년 만에 해체되었고 친일 행각에 대한 처벌도 제대로 이루어지지 않았으며 친일 재산 환수법도 큰 성과 없이 끝나 개정을 촉구하고 있다.

24쪽

[예시답]
A : 이미 지나간 일이라도 진실은 밝혀야 한다고 생각합니다. 그래야 억울한 사람이 생기지 않습니다.
B : 친일을 한 사람들도 살기 위해서 그랬을 거예요. 목숨을 위협받는 상황이라면 우리도 어떻게 행동했을지 모릅니다.
C : 그 당시에는 목숨을 걸고 조국의 광복을 위해 일하신 분들이 있는가 하면 일제에 협조하면서 자신의 이익을 택한 사람도 있지요. 어떤 것이 옳은 일이며 친일파들의 잘못은 무엇인지 분명하게 밝히는 것이 필요합니다.

[길라잡이]
　미군정의 비호 아래 친일 세력들은 친미 반공 세력으로 변신하였고 여전히 기득권을 유지해 나갔다. 이는 미국이 일제에 저항한 독립운동가보다는 일제에 협조했던 기회주의적 친일파들이 자신들에게 협조할 것이라고 판단했기 때문이다.

25쪽

[예시답]
일본: 독도는 지리적으로 역사적으로 우리나라의 영토이다. 세종실록지리지 등 독도가 우리나라의 영토라는 것을 증명할 수 있는 많은 자료가 있다. 현재도 우리 국민이 살고 있으며 많은 사람들이 찾고 있다.
중국: 고조선, 부여, 고구려, 발해는 우리 조상이 세운 국가이다. 이 나라들이 중국 땅에 있었다고 해서 중국의 역사라고 주장하는 것은 주변 국가들을 중국의 통제하게 두겠다는 뜻이며 우리 민족의 뿌리를 흔드는 일이다.

[예시답]
　일본과 중국이 자국의 이익을 위해 역사를 왜곡하고 있지만 우리는 대립하기보다는 상호 협력과 이해로 올바른 역사의식을 세우도록 노력해야 한다. 또한 우리 스스로가 우리의 역사에 관심을 갖고 바로 알기 위해 노력해야 한다. 우리 역사에 대한 관심과 자긍심을 갖고 올바른 역사의식을 갖추어 우리 역사를 왜곡할 수 없게 해야 한다.

26-27쪽

1. [예시답]
1950년, (이승만)
(인천 상륙 작전), 압록강
(중국), 38도선, 포로 송환, (1953년)

[길라잡이]
6·25 전쟁의 전체적인 흐름을 이해하기 위한 발문이다. 전체의 글이 완성되면 다시 한 번 읽어 보도록 한다.

[정답]
3-2-4-1

28-29쪽

[예시답]
이승만 : 국정 최고 책임자가 책임지는 것이 옳기 때문이다.
최 중령 : 비록 다른 사람이 명령했다고 해도 부당한 명령이라면 실행하지 않아야 했기 때문이다.

1. [예시답]
당시 낙동강까지 북한군에게 빼앗기면서 부산이 임시 수도가 되었고 직장과 집을 잃은 많은 사람들이 부산에 모여들었다. 고아원에는 전쟁 통에 부모를 잃은 아이들이 많아졌고, 판잣집에서 궁핍한 생활을 했으며 판잣집을 지을 나무도 구하기 어려우면 미군들이 먹고 버린 통조림 캔을 펴서 집을 만들기도 했다고 한다. 하지만 이렇게 어려운 상황에서도 천막 학교를 세워 공부를 하였다.

[길라잡이]
인명 피해, 산업 시설물 파괴, 이산가족, 전쟁고아, 남한과 북한의 긴장 관계 등을 이야기할 수도 있을 것이다.

2. [예시답]
물적 피해 : 산업적인 면과 공업과 농업면에서 남한과 북한은 큰 피해를 입었다. 그 외에도 산업 시설과 가옥이 파괴되면서 삶의 터전을 잃었다.
인적 피해 : 그래프를 보면 피해를 더 분명하게 파악할 수 있다. 남한뿐만 아니라 북한도 군인보다 민간인이 더 큰 희생을 입었다. 중국과 유엔의 민간인 피해가 없는 것은 자료가 없기 때문이다.

3. [예시답]
전투병을 보낸 나라 : 미국 - 캐나다 - 영국 - 프랑스 - 벨기에 - 스위스 - 룩셈부르크 - 콜롬비아 - 남아공화국 - 태국 - 호주 - 터키 - 뉴질랜드 - 필리핀 - 에티오피아 - 네덜란드
의료진을 보낸 나라 : 스웨덴

[길라잡이]
우리는 항상 유엔 참전국들에게 감사하는 마음을 가져야 할 것이다.

30-31쪽

1. [정답]

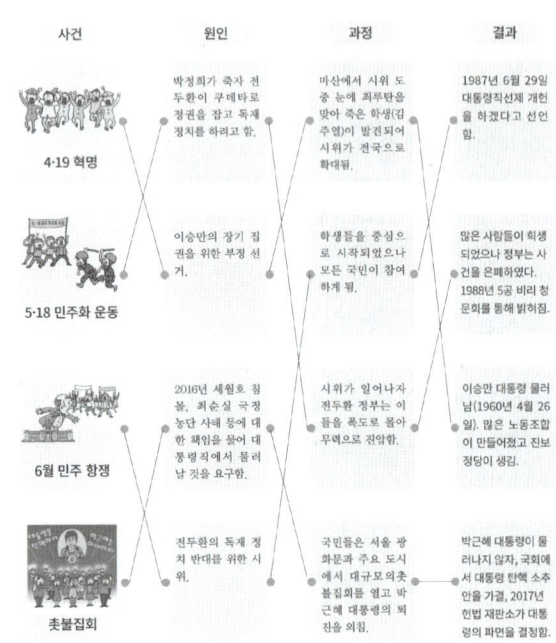

[길라잡이]
민주주의를 얻기 위해 노력했던 사건들을 모아 원인과 과정, 결과를 알아본다. 네 가지 사건의 진행 과정이나 결과, 의의까지 확인할 사항이 많은 편이지만 간단하게 살펴본다.

2. [예시답]
평화롭고 행복한 나라를 만들기 위해서는 독재 정치를 막고 민주화를 이루는 것이 무엇보다 중요하다고 생각했기 때문이다. 희생을 각오하고 민주화를 위해 노력한 분들이 있었기 때문에 우리의 민주주의가 발전한 것이다.

[길라잡이]
앞에서 살펴본 민주화 운동은 큰 희생을 낳았다. 많은 사람들이 죽거나 다치기도 하였고 체포되고 구속되었으며 억울한 벌을 받기도 하였다. 많은 이들의 노력과 희생을 통해 민주주의가 발전해 왔다는 것을 생각해 보게 돕는다.

3. [예시답]
1. 나는 4·19 혁명이 가장 중요하다고 생각한다. 왜냐하면 독재 정치를 끝냈기 때문이다.
2. 나는 촛불집회가 가장 중요하다고 생각한다. 왜냐하면 민주적인 절차를 통해 부적절한 대통령을 끌어내렸기 때문이다. 세계적으로 민주적인 절차로 대통령을 강제로

하야시킨 경우가 없다는 점에서 세계사에 남을 사건이라고 생각한다.
[길라잡이]
어떤 답이든 이유가 적절하다면 옳다고 말해 줄 필요가 있다.

32-33쪽

1. [정답]
첫 번째 개헌 : 중요한 것만 뽑아서, 발췌
두 번째 개헌 : 사사오입(반올림)
첫 번째 : 국민
두 번째 : 두, 세, 장기 집권

[도움 글]
<발췌 개헌>
전쟁 중인 1952년 국회 의원 선거 결과 이승만 대통령을 지지하는 자유당 국회 의원의 수가 과반수를 차지하지 못하였다. 그러자 자유당은 대통령 직선제로 개헌하여 집권을 연장하려고 하였다. 그러나 개헌안이 국회를 통과하지 못하자 대통령 직선제를 골자로 한 "발췌 개헌안"을 토론 없이 불법적인 기립 표결로 통과시켰다.

<사사오입(四捨五入) 개헌>
직선제 개헌을 통해 2대 정권을 유지한 이승만 대통령은 헌법에 규정되어 있는 "3선 금지" 조항을 초대 대통령에 한해서는 폐지한다는 내용의 개헌을 추진했다. 그러나 국회 통과를 위한 136명의 표를 얻지 못하고 135표를 획득하여 개헌안이 부결되자 수학자들까지 동원하여 사사오입(四捨五入 : 반올림)의 논리를 내세워 개헌안을 통과시켰다.

2. [예시답]
(1) 박정희를 비롯한 일부 군인들이 정변을 일으켜 정권을 장악한 사건
(2) 대통령 직선제 폐지, 국회 의원 3분의 1에 대한 대통령 임명권, 긴급 조치권을 내세워 독재 정치를 강화하였다.
우리나라 5대 국경일.

[정답]
(1) 3·1절 (2) 제헌절 (3) 광복절 (4) 개천절 (5) 한글날

34쪽

[예시답]
1. 분단과 전쟁으로 폐허가 되어 가난과 굶주림에 시달렸다.
2. 1970년대 이후 : 철강, 석유 산업 등 중화학 공업 발달.
3. 경부 고속 국도가 개통되어 전국이 일일생활권이 되었다. 수출액이 증가하였다(1977년 100억 달러). 국민 소득이 증가하였다. 일자리가 늘어났다. 생활 모습이 크게 달라졌다. 등

[길라잡이]
그림은 현재 서울의 모습과 가파르게 증가한 수출액 도표이다. 그림을 보면서 경제 개발 5개년 계획의 성과에 대해 이야기해 본다. 경제 발전에 따른 부작용에 대해서는 뒤에서 살펴본다.

35쪽

1. [예시답]
근면 : 부지런히 일하자.
자조 : 자기 발전을 위하여 스스로 애쓰자.
협동 : 서로 돕자.

2. [예시답]
지붕을 개량하고 길을 넓혀 생활 환경을 개선했다. 농촌의 지도자를 길러냈다. 농가의 소득을 높였다.

3. [예시답]
이모할머니께

할머니 안녕하세요. 저는 OO예요. 이모할머니께서 이민을 가신 지도 오래되었네요. 요즘은 통신 수단이 발달해서 우리나라가 얼마나 많이 변했는지 잘 알고 계실 거예요. 고층 아파트가 정말 많이 생기고 인터넷이나 휴대 전화 기술이 발달해서 인터넷으로 못하는 것이 없을 정도입니다. 도시는 차도 많고 사람도 많고 요즘은 거리에서 외국인을 만나는 것이 어색하지 않답니다.
이모할머니께서도 직접 우리나라의 발전된 모습을 보실 수 있으면 좋겠어요. 그때까지 건강하세요.
2020년 0월 0일 손녀 딸 OO 올림

[길라잡이]
우리나라는 눈부신 발전을 해 왔다. 1970년대 이후 변화한 우리의 생활 모습을 엽서를 보내는 형식으로 정리해 본다.

36쪽

1. [예시답]
· 외국에 나가 외화를 벌어 경제 발전에 기여하였다.
· 우리나라의 기술을 알려 국가의 위상을 높였다.
· 나라에 위기가 닥쳤을 때 힘을 모아 위기를 이겨냈다.
· 국민 모두가 열심히 일했다.

[길라잡이]
보기로 제시된 사진은 독일에 파견된 광원과 중동에 진출한 건설 노동자, IMF 당시의 금 모으기 운동이다.

2. [예시답]
· 빈부 격차가 심해졌다.
· 자연환경이 파괴되었다.

- 도시로 인구가 집중되면서 주택 문제나 쓰레기 처리 등의 문제들이 생겨났다.
- 도시로 인구가 집중되면서 도시와 촌락의 발전에 차이가 생겼다.

37쪽

[예시답]

전태일: 저는 평화시장의 재단사였어요.

전태일: 10대의 어린 친구들이 환풍기도 없는 지하 작업장에서 하루에 14시간씩 일하고 적은 돈을 받았어요. 병에 걸려도 병원에도 못 갔지요.

전태일: 관공서를 찾아가 노동 시간을 줄이고 환풍기를 달아 달라고 요구했지만 누구도 우리의 말을 들어주지 않았어요. 저는 이러한 잘못을 바로잡고 싶었어요.

전태일: 우리는 누구나 인간답게 살 권리가 있어요. 노동자도 인간다운 대접을 받아야 한다는 의미였어요.

전태일: 저의 죽음이 많은 노동자들에게 정당한 권리를 찾아 줄 수 있기를 바랍니다. 진짜 잘 사는 나라, 정말로 행복한 나라는 몇몇 사람만 행복한 것이 아니라 모두가 함께 행복한 세상이라는 것을 기억해 주세요.

[길라잡이]

전태일에 관한 부분은 초등 교과서에 실려 있지 않은 내용이지만 경제 발전을 위해 희생당한 많은 이들에 대해 돌아보고 진정으로 행복한 나라는 어떤 것일지에 대해 고민하게 해 준 사건이었다. 배경지식이 없는 경우 전태일과 관련한 이야기를 들려 주고 함께 생각해 보는 시간을 갖는다.

[도움 글]

<전태일>

전태일은 16살 때부터 평화 시장의 옷 만드는 공장의 노동자가 되었다. 10대 청소년들은 열악한 작업 환경에서 14시간씩 일하면서도 생계가 어려울 정도의 임금을 받고 근로 기준법의 보호도 받지 못하였으며 병에 걸려도 아무런 보상 없이 쫓겨나기가 일쑤였다.

이러한 현실을 겪으며 전태일은 '바보회'를 조직하여 노동 관련법을 공부하였다. 관공서를 찾아가 노동 시간의 감소와 작업 환경의 개선 등을 요구하였으나 모두 외면당하자 1970년 11월 13일 평화 시장 앞길에서 시위를 벌이다 분신하였다. 22살의 청년, 전태일은 "근로 기준법을 준수하라. 우리는 기계가 아니다."라는 말을 남기고 눈을 감았다.

이 사건이 있은 후 평화 시장의 노동자들은 노동조합을 조직하여 생존권을 지키기 위해 노력하였고 지식인과 종교계의 노동 운동에 대한 지원도 활발해졌다. 청계천이 복원되면서 청계천 평화 시장 앞에 전태일의 흉상이 세워졌다.

38~39쪽

[정답]

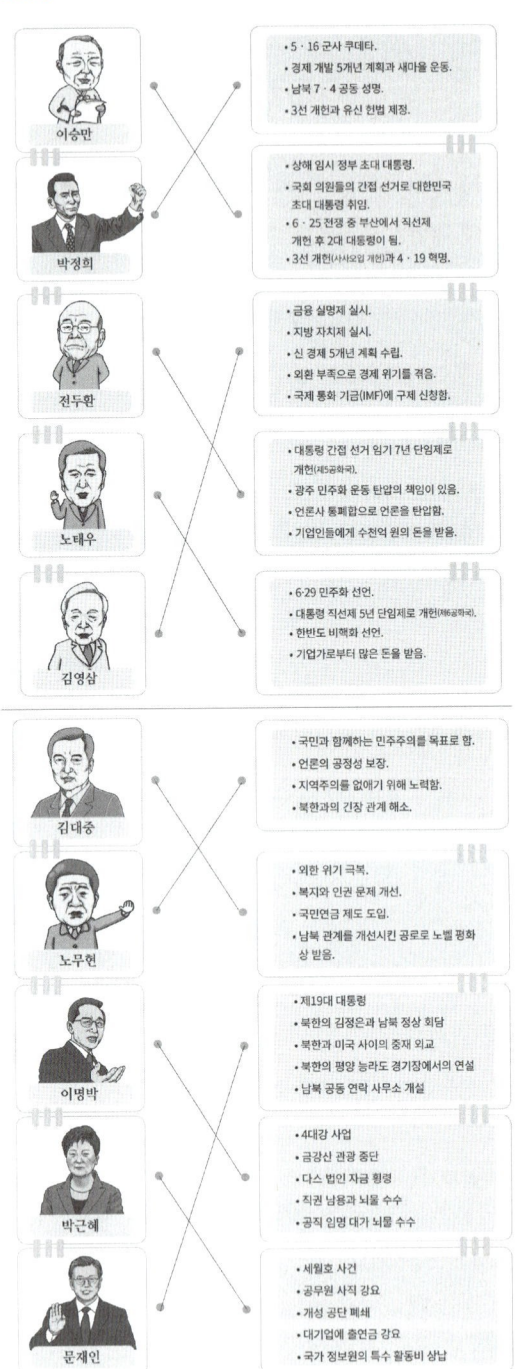

[길라잡이]

박정희 정부 이후 정부별로 기본적인 사항을 정리한다.

40쪽

[정답] 19

[길라잡이]

국민으로서 자신의 의견을 제시할 수 있는 방법이다.

[정답] 60일, 3분의 2, 30일

[예시답]
국민 투표는 나라의 일에 대한 자신의 의사를 밝히는 것이다. 또한 국민 투표는 국가의 중요한 정책을 결정할 때 국민의 의사를 묻기 위한 것으로 국민 투표를 통해 올바른 정치를 만들어가는 역할을 한다.

41쪽

[정답] 대통령, 국회 의원, 시장, 도지사, 구청장, 시 의회 의원 등

자유 선거	강제 선거의 반대 의미로 선거에 대한 외부의 간섭을 받지 않음.
보통 선거	일정한 나이가 되면 누구나 선거권을 행사할 수 있음.
평등 선거	모든 유권자가 1인 1표를 행사할 수 있음.
직접 선거	유권자가 직접 투표를 해야 함.
비밀 선거	누구에게 투표했는지 다른 사람이 알지 못하도록 비밀을 보장해야 함.

[길라잡이]
자유, 보통, 평등, 직접, 비밀 선거의 원칙은 선거를 공정하게 치르기 위한 것이며 대부분의 민주주의 국가에서는 이 원칙을 따르고 있다.

[정답] 40, 19

[길라잡이]
대통령에 출마할 수 있는 권리를 피선거권이라고 하고 선거에 참여할 수 있는 권리를 선거권이라고 한다. 대통령의 피선거권은 '선거일 기준 5년 이상 국내에 거주하고 있는 40세 이상의 국민'이며 피선거권은 '19세 이상의 국민'에게 있다.

[예시답]
다른 사람들의 말에 귀를 기울이는 사람, 국민이 무엇을 원하는지 늘 관심을 가지는 사람, 부자이고 힘 있는 사람이 아니라 가난하고 약한 사람들의 입장을 배려하는 사람, 우리나라를 사랑하는 사람, 나라를 대표한다는 자긍심이 있지만 모든 이들을 존중하는 사람, 자신의 말과 행동이 어떤 영향을 주게 될지 고민하고 조심하는 사람, 자신과 의견이 맞지 않아도 포용할 수 있는 사람, 우리나라의 통일을 위해 노력하는 사람, 우리 역사와 애국지사들에게 감사하는 마음을 가진 사람, 국민이 나라의 주인이라고 생각하는 사람 등

42~43쪽

1. [정답]
유엔, 2000년, 김정일, 노무현, 김정은

[길라잡이]
2000년과 2007년의 남북 정상 회담 이후에는 남북 교류의 진전이 없었다. 오히려 퇴보했다. 이명박 정부는 2008년에 금강산 관광을 중단했고, 박근혜 대통령은 2016년 2월 개성 공단을 폐쇄했다. 남북 교류가 거의 없다가 2018년 문재인 대통령 취임 이후 남북 정상 회담을 가졌고, 북미 회담도 이루어졌다. 앞으로 활발한 남북 교류가 있을 예정이다.

2. [예시답]
개성의 남북 공동 연락 사무소를 통해 철도를 연결하는 사업을 하면 좋겠다. 그리고 북한의 산림 개발 방법과 도로 건설 사업 방법도 생각할 것 같다. 국제 사회와의 협력 체계를 점검하고 준비하여 남북통일을 대비하는 것이 좋겠다고 생각한다.

[길라잡이]
남북 공동 연락 사무소를 통해 서해안과 동해안, 비무장지대(DMZ) 지역을 개발하는 방법을 연구할 수도 있고, 개성 공단 활성화 방안도 생각할 수 있다. 이 모든 일은 남북통일 내지 남북 교류 활성화 방안과 연결지어 생각하면 무난하다고 하겠다.

3. [예시답]
① 7·4 공동 성명 ② 이산가족 상봉
③ 6·15 남북 정상 회담 ④ 개성 공단
⑤ 문화 체육 교류

[길라잡이]
남북이 분단된 지 70년이 지났다. 전쟁의 위협을 없애기 위해서는 통일을 이루어야 한다. 분단이 계속되는 동안에도 통일에 대한 노력은 다양한 방법으로 지속되었다.

[도움 글]

<통일을 위한 노력>

7·4 공동 성명은 남북이 모두 각자의 체제를 유지하기 위한 명분으로 활용되었다는 평가가 있고 김대중 납치 사건으로 중단되었으나 남한과 북한이 처음으로 대화와 합의점을 이끌어내 '자주, 평화, 민족 대단결'이라는 통일의 대원칙을 합의했다는 데 의의가 있다.

1980년대에 이르면서 이산가족 상봉과 예술 공연단의 교환 방문이 이루어지고 탁구와 축구 단일팀을 구성하여 국제 대회에 참가하게 되었다. 이러한 관계를 발전시켜 남북한은 동시에 유엔에 가입(1991년)하였다.

김영삼 정부에서는 식량과 비료를 지원하였으며 김대중 정부에서는 금강산 관광 사업이 추진되고 2000년 남북 정상 회담을 통해 6·15 남북 공동 선언을 이끌어냈다.

2003년 출범한 노무현 정부도 남북 회담 정례화를 추진하고 개성 공단 건설 등으로 남북 교류와 협력 사업을 발전시켰으며 2007년 남북 정상 회담을 개최하고 10·4 남북 공동 선언을 채택하였다.

이명박 정부의 금강산 관광 중단과 박근혜의 개성 공

단 폐쇄 조치로 한동안 남북 교류가 없었다. 2018년 문재인 대통령 취임 이후 남북 정상 회담을 가졌고, 북미 회담도 이루어졌다. 앞으로 활발한 남북 교류가 있을 예정이다.

44쪽

5. [예시답]
첫 번째 기자 질문
- 헤어져 살던 이산가족이 이제는 마음껏 만날 수 있으니 더 이상 슬퍼하지 않아도 될 거예요.
- 이제 우리나라가 통일이 되었으니 서로 힘을 모아 행복한 나라를 만들어 갔으면 좋겠어요.
- 남한과 북한을 자유롭게 오갈 수 있으니 금강산과 백두산에 꼭 가고 싶어요.

두 번째 기자 질문
- 오랫동안 분단되어 있었으니 갈등이 생기는 것은 당연하죠. 함께 의논하면서 풀어 가야 한다고 생각해요.
- 서로 힘들다고 통일을 반대하는 것은 멀리 내다보지 못하는 것입니다. 시간이 더 지나면 통일을 이루기가 더 어렵습니다.

[길라잡이]
통일의 그날을 상상하며 통일에 대한 생각들을 정리해 보는 발문이다. 통일이 되면 어떤 점이 좋을지를 중심으로 생각해 보게 한다.

45쪽

[예시답] 호외쓰기.
2020년 5월 5일
민족의 소망, 남북한 손을 잡다!
1953년부터 우리를 남과 북으로 가로막았던 철조망을 67년 만에 걷어 내었다.
5월 5일 오전 10시 남북의 정상과 관계자들이 참석한 가운데 남한과 북한은 남한과 북한의 종전 선언문을 채택하고 전 세계에 동시 발표했다. 앞으로 남한과 북한은 서로의 정치 체제는 유지하되 휴전선을 폐지하고 자유롭게 왕래할 수 있을 것이며, 기타 자세한 사항들도 구체적으로 논의된 것으로 알려졌다.
그동안 오랜 기간 동안 전쟁의 위협 속에서 서로 대립했던 과거를 잊고 한 민족으로서 힘을 모아 함께 성장할 수 있는 관계가 되었다. 국민들은 평화 통일을 이루기 위해 노력한 남북한의 정상과 관계자들에게 큰 박수를 보내며 민족의 염원이었던 평화 통일을 이루어 낸 스스로에게 큰 박수를 보내고 있다.
한편, 세계 외신들은 한반도의 역사적인 순간을 함께 기뻐하고 있으며 평화의 상징으로 앞으로 세계 평화에 큰 역할을 할 것이라고 기대하고 있다.

46쪽

[길라잡이]
해방 이후부터 현대에 이르기까지 활동한 인물에 대해 돌아보고 가장 기억에 남는 인물을 정해 그 이유와 함께 소개해 본다. 보기에 소개되지 않은 인물이라도 기억에 남는 인물이 있다면 선택할 수 있다.

[예시답 1]
가장 닮고 싶거나 자랑하고 싶은 인물 : 4·19 혁명에 참가했던 시민
이유 : 한 사람의 힘은 작지만 작은 힘이 모여 12년간의 이승만 독재를 무너뜨리고 민주화를 이루어냈기 때문이다.

[예시답 2]
가장 닮고 싶거나 자랑하고 싶은 인물 : 김구
이유 : 평생을 자주 독립과 조국의 통일을 위해 헌신했기 때문이다.

47쪽

[길라잡이]
해방 후 현대에 이르기까지 많은 사건들이 있었다. 앞의 전체적인 연표를 훑어보면서 가장 중요한 사건이라고 생각하는 것은 무엇이며 그 이유는 무엇인지 생각해 보게 한다.

[예시답 1]
가장 인상적이거나 의미 있는 사건 : 대한민국 정부 수립
이유 : 남한만의 단독 정부였지만 일제로부터 독립하여 자주 국가로 새 출발을 하게 되었기 때문이다.

[예시답 2]
가장 인상적이거나 의미 있는 사건 : 6월 민주 항쟁
이유 : 계층이나 종교, 남녀노소를 가리지 않고 국민들이 마음을 모은 것을 보면 민주주의는 우리 손으로 만들어 가는 것이라는 생각이 들었다.

48~49쪽

[정답]
① 고조선
② 고구려, 부여
③ 고구려, 백제, 신라
④ 발해
⑤ 후고구려
⑥ 고려
⑦ 조선
⑧ 대한민국(예시답 생략)

리더를 위한
역사
논술
6